法學緒論

The Knowledge of Law

鄒建中、林文清◎著

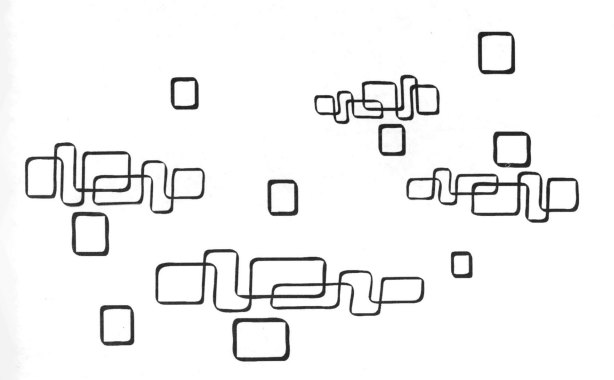

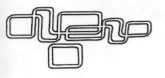

序 言

　　這本《法學緒論》係綜合性介紹法律的用書，內容著重於建立法學理解的「先行理解」，包括一般法律共通特性、現實法制運作及法律類型個論三大要義範疇。由於在撰寫目的上，偏向有助大學、技院課堂教學與自修所需的初學者，以及準備國家考試的法學命題範圍，內容上不但著力於淺顯扼要，而且亦求廣含核心通識和個別重要法規。就法學入門的基準點言，教師於擇其所好而教之的同時，可有自己專業素養的闡揚空間，而如係「法律與生活」的教授課程，亦只需適度提列案例，即可與有關章節的基本法理互相參照（如探索正義概念、描述我國傳統司法風格、介紹當前我國司法制度、討論婚姻夫妻財產與繼承問題、簡介著作權的保障、如何主張法律所維護的自衛行為）。

　　法律本具有濃厚的人本意涵，乃是「維繫人心、構建社會」的利器。城仲模大法官曾告誡吾人，法緒（法律與生活）此門課程，對於多數非法律系的同學言，可能形塑其一生對法律的瞭解與認知態度，對個人與國家社會的影響之大，豈可不慎乎！吾人秉此師訓，除惕厲自勉外，亦寄望研讀本書的莘莘學子，於研習法學時，允應加強自我語文分析、邏輯思考的能力；而法學的印證價值，即自我的法律信仰為何？尤宜有所省

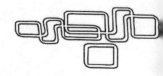
思而內化爲實踐人格。總之，觀察社會動態，豐富自己視野，
「法緒」實提供了掌握其中脈絡的框架，而大有助於個人法學通
識的養成。

鄒建中　林文清　謹識

二〇〇四年六月

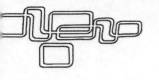
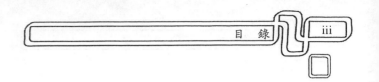

目　錄

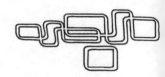

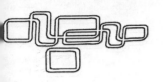

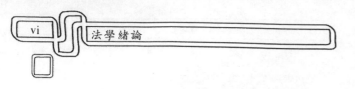 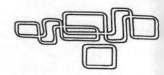

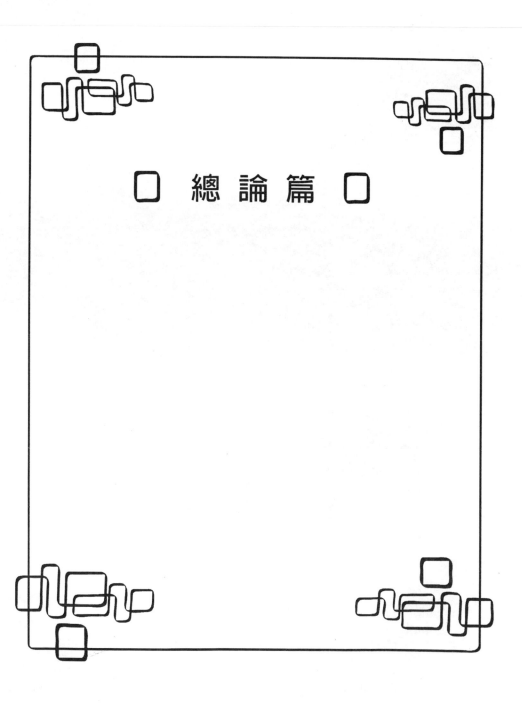

總 論 篇

第一章
導論

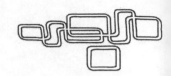

第一節　法律之意義

　　法學緒論或概論，大致探究的內容，以一般法律共通概念、學識為主，而偶或融入有法學思想、哲學思維，也就是一門法律學與法哲學的統合學科。基本上乃是引導進入法學的初階課程，使學者建立簡要框架，用以後續捕捉法學園林之美之奧；即或不為此圖，研習者亦因可稍獵一般法律概則，而育有法律的通識，俗云：「法律只能保護懂得法律之人」，未來對於自己立足社會自亦有所裨益。

　　法學緒論既在於法律原理、本質的探究，首先吾人便應掌握何謂法律？而析其涵義乃包括實質規範和形式程序二者，茲說明如下：

一、實質涵義

(一)法律是人類生活的規範

　　文化制約人類的行為模式，不論政治、經濟、宗教等都構成吾人文化的內涵，因此也都是人類的生活規範，惟其在功能上，分別扮演價值分配、物欲滿足、心靈歸屬，在觀念上尚易與法律有所區別，而且法律在現代國家所有人類生活規範中又具有最顯著的特性。法律此種規範，其中包含有權利及義務關係，亦可謂法律是指導人類的生活，範圍人類的生活。

(二)法律是強制實行的規範

　　範圍人類的生活，約束人類的行為，多為人所不樂意，違

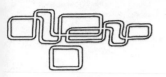

反此種規範者有之，破壞此種規範者亦有之，因此，不得不強制其實行，對於不應爲的事，法律便予以禁止；對於應爲的事，法律便強制實行。

(三)法律是以國家權力強制實行的規範

法律既爲強制實行的規範，此種強制實行，只是國家始有此種權力，私人相互間絕對無此種權力，國家是法律的制定者、執行者及維護者，對於違背或破壞法律的人，惟有國家有處罰或制裁的權力，此種權力，即是國家統治權力的行使。所以法律在實質意義上，乃是以國家權力而強制實行的規範。

就上述實質涵義方面，一般人常易有將法律與「道德」混爲一談者，究其實二者包括了下列差異：

(1)作用不同：法律在乎拘束人類外在行爲，道德則起支配人類內在動機的作用；前者常易流於治標，後者則多具治本功能，俗語謂：「法禁於已然之後，禮禁於未然之前」，即說明了二者的作用差異。

(2)觀念不同：法律係權利義務相伴而生，但主要仍係從權利觀點出發；而道德的表現，如鄰有喪不高歌、悲憫捐助災民、敬老尊賢等，施者與受者均無權強求回報或履行，論者以爲道德即或可使相對人獲利，亦不過是僅存有義務人而已！

(3)制裁不同：法律的制裁，經由司法判決，或賠償損失、或定罪服刑、或行政強制，乃以國家組織爲後盾，制裁力具體而有效；道德的制裁，純屬抽象，如衆人指責，以及自我良心的不安，遇寡廉鮮恥者，可說起不了任何

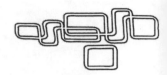
制裁效果。

(4)產生不同：法律經由立法的一定程序而來，其修改變遷
亦同，故常有逕以「制定法」稱之；但是道德與民情風
俗和倫理觀念高度結合，其產生與變遷，可謂自然進化
形成，如今人看待昔日為不道德的「夫死改嫁」、「袒胸
露背」，多已隨社會觀念而淡化。

二、形式涵義：法律要經過一定的制定程序

法律經過一定的制定程序，乃指由一定的立法機關，依一
定的手續而制定法律，此立法機關在我國為立法院，中華民國
憲法規定：「本憲法所稱之法律，謂經立法院通過，總統公布
之法律。」故若未經過上述的通過及公布程序，則法律的形式
要件未備，即不得稱為法律，亦即無由發生強制實行的效力。

綜合所述可知：法律是經過一定的制定程序，以國家權力
而強制實行的人類生活規範。其以生活規範的「國家強制」特
徵，而得明顯達到與道德的區別根本差異，增列「立法機關」
的操作定義，則能有別於亦多具條文形式和強制作用的「命
令」，此乃係由行政機關所訂定者，從而如此才能建構完整獨立
的法律涵義概念。

第二節　法律之本質

法律的價值判斷有何規準，這乃是法律本質的界定，歷來
思想家多指向「正義」！然正義有何指標和尺度？是否能免於
主觀的論定，免於政治、權勢的左右？由於「正義」涉及法律
本質核心問題，本節有必要介紹重要的人物見解，提供法學初

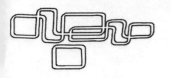

習者一個思索的空間。

一、畢達哥拉斯

　　古希臘時代，尚無職業的法學家，法學思想殆源自哲學思維，畢達哥拉斯（Pythagoras, 580-500B.C.）從數理哲學角度闡釋「正義」，畢氏以為「善」的原形是圓形，而「正義」的原形是正方形。

　　正義乃是數的自乘，故是一種均平、等同，為幾何圖形的正方形，不應因人的不同認識而有差異；因此，基於正義的均等本質，違反者應受罰則或賠償損害。正義既是四邊皆等客觀存在形式，法律本質在求符應自然客觀的正義，而非純係人為的制定規範。

二、柏拉圖

　　希臘唯心主義大師柏拉圖（Plato, 427-347B.C.）強調哲王的賢人政治，他認為正義、勇敢、美、善等價值存在於「理型界」，恆定而不變，人類現所生活的社會是物質的世界，必須經由人類精神的靈性作用產生概念，方能客觀認識事物本質的理型。

　　這種靈魂追溯生前「理型界」的回憶過程說法，不免過於哲奧，但著重以概念認識事物，卻實為法學抽象文字以規範事物的特色。柏氏以人類靈性幽禁肉體中，故概念的認識多不完善，其中最接近理型界者為「理性」，次為「意性」，而居末者為「慾性」；並以智慧、勇氣、節制為此三性的達德，而此三原德互相調和的狀態，便是正義；柏氏在闡述「共和國」中，乃以領導國家的哲學家、防衛國家的武士和士農工商的廣大生

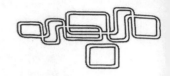

產民眾，分具三原德，而構建一個理想的金字塔國家組織。可說已將正義擴及政治社會，亦即視正義乃是使人民在良善國家中，各盡己責各享己物，而過著滿足的群居生活。

三、亞里斯多德

亞里斯多德（Aristotle, 384-322B.C.）是影響後世最深遠的希臘大思想家，他的法律思想見解精闢，而將正義分爲廣義與狹義，前者係「社會福祉中心的正義」，後者稱爲「個人人格中心的正義」。

(一)廣義的正義（一般正義）

亞氏認爲廣義的正義是符合法律規定的「適法性」，或者是支持適法性行爲的主體狀態，也就是遵法性之意。在這種適法性之下的法律，是將所有正與不正的行爲，以法律加以命令或以法律加以禁止，其規範包括城市國家的道德等善的總體，或社會生活有關的所有德性在內。廣義正義便在要求每人應無條件地忠實遵守法規，以體現社會的共同福利，蓋個人所有多來自社會，回饋社會或維護社會的價值，有其合理的存在性。

(二)狹義的正義（特殊正義）

係對個人的物質或精神，有關的利益或不利益予以特定應得分之謂，目的在保障個人能平等地價值實現和合理作出計劃，可分爲平均正義和分配正義。

1.平均正義

即在人與人間的種種交涉關係當中，不考慮人與人間個人之價值、功績或能力的差異，而完全從客觀利益的得喪上，將

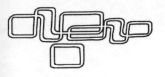

其調整使不過分也不致有不足的情形之謂。因係忽視個人的差
異，而從客觀之利害的觀點加以平等處理，如商品以價格、勞
力以工資、權利以義務來對應，因此它是受算術比例原理所支
配的平等，近代對於基本人權，強調其爲人人所當有而具普世
價值，正是以平均正義來立論。

2.分配正義

　　即在團體生活當中，分配財物或榮譽、或職級等權利時，
應按各人的價值、能力或對團體貢獻等比例，公正地分配之
謂。譬如在團體成員中甲對團體的貢獻爲乙的三倍時，甲的應
得分應爲乙的三倍，或如甲的課業因其特別努力讀書，而程度
遠超過乙，則理想的試卷應是甲考取而乙落榜，這份考題方符
合團體利益的分配正義。因分配正義是按各人的條件（如人
格、才能、經驗、勤惰等），配合其差異性，而予以公平分配，
因此它是受幾何學比例原理所支配的平等。（註1）

四、羅爾斯

　　當代政治哲學家羅爾斯（John Rawls, 1921-　）撰述《正義論》
（*The Theory of Justice*）一書，將洛克、盧梭、康德等代表的社
會契約觀點抽象化、普遍化，不從個人功利效益角度，而是以
社會人人「原始地位的平等性」出發（註2）。社會上每個人可說
都占據兩種地位，一是平等公民的地位，另一是在所得和財富

註1：亞氏的廣義一般正義和分配正義，由於規範團體與個人的關係，而平均
　　　正義係規範個體相互的對應之道，乃成爲後世公法與私法的區分原理。
　　　同時亞氏尚提出了自然正義和法律係約定正義的觀點，而創建了自然法
　　　──普遍法律，和實定法──特殊法律的分野。

註2：原始地位的平等性，羅氏說這相當於契約論所提的原始自然狀態，只是
　　　指「一種純粹假設的狀況」，是爲了得出正義概念的假定，由於此際任何

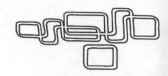

分配中所處的地位，因此社會正義的對象指向社會基本結構，亦即社會制度如何分配基本權利和義務，社會合作利益如何合理分配和負擔。

社會正義的兩項基本檢證原則為最大的均等自由原則和差異原則。

(一)最大的均等自由原則（the greatest equal liberty principle）

每個人都有權利擁有最高度的自由，而且是處在和所有人的自由可以相並存的平等體系中。

(二)差異原則（the difference principle）

社會和經濟上的不平等，應採如下安排原則：

(1)對於最不利地位的人是最有利的。

(2)同時此所附隨的職位與工作，都是在機會公平均等的條件下對所有人開放的。

第(一)項平等自由的原則，主要係用於公民參政權（選舉、集遊、言論、信仰……），乃是首要的原則，可謂：「自由的優先性」。所以遇有自由過於狹隘不普及時，則必須加強所有人得享受的完整自由體系；遇有欠缺平等性的自由時，則必須問那些僅有較少自由的人是否得以接受；自由的擴大與提升，不能受到不合理的限制。

人都不知道他的社會地位、不知道自己的智慧和力量如何分配，「正義原則便在一種無知之幕（veil of ignorance）的後面選擇出來」，既然所有人都處於同樣情況，無人能設計有利自己的特殊條件，所以這種正義原則是公正協議的產物。

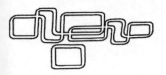

　　第(二)項合乎最少受惠者的最大利益原則，是針對社會合作中利益和負擔的分配。其第(1)小項規定，係改善社會不平等的狀況，使收入低薄、地位卑微和財富貧困的人民獲得地位的最大改善，此如我國全民健保制度，對於員工繳費之由企業主分擔，而老闆則應自行負擔者；第(2)小項規定是機會的公平均等開放，這不僅是指對有能力的人，而是也應以社會福利、教育特殊措施，使因先天或後來社會環境所造成的能力弱勢者，能夠獲取機會而向前趕上，所以這裡承認的「差異原則」，目的即在做到差異仍然對大家均有利的情形下，此差異的不平等性才符合正義。這可說是「正義對效率及福利的優先性」，預設了經濟及社會人權的徹底保障必要性。

　　綜上所述，「法律來自正義猶如來自它的母親」，這是遠自羅馬法學以來便有的看法。但法律並不是完全以正義作為基礎，隨著社會進步而興起的行政法規、技術法等，有很多是脫離倫理價值，而強調目的之合適性，可說是一種效率化的共同約定，但是作為法學的本質，「正義」仍是最核心的價值規準。我們或許可以說：法律是一種軌道，依法踐履而不出軌，便含有「正」的理念，亦為合宜之狀（義），從而法律與正義無乃高度形成契合一體。

第二章
法學派別與法系

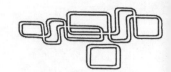

第一節　法學派別

一、內容區分

　　法學的研究，範圍相當廣泛，因為「有法律斯有社會」，「有社會必有法規範」，法律可說與人類社會相始終。吾人從研究客體所存在的時間點，可區分為過去法學——史學研究，未來法學——立法學，及當前存在的現實法學——實證研究。進一步以研究內容區分，可得：

(1)法律哲學：研究一切法律現象之普遍根本原理，以探求法律的實踐理想和終極關懷，如法理學。

(2)法律科學：以國家現行有效的法律規範為對象，研究其內容及其適用的範圍。一般可分為：立法政策學、比較法學、法律社會學、法律解釋學（實證法學、實定法學）等。

(3)法律史學：研究法律的變遷、沿革及趨勢，如法律沿革史。

　　論者常指稱法是一種「雙重結構體」，一方面在社會擔任組織法和行為法的存在結構，另一方面亦扮演評定該組織和秩序的價值尺度。如側重指導的當為法則原理，屬於法哲學（法理學，jurisprudence）的探究範圍；如對各種法規範，從事客觀的關聯考察與概念分析等，這種就法的實然面所為的結構研究，則或屬於對史上已往存在法規範的法史學；或即為對當今施行的法律，所進行屬於社會科學領域的法科學研究。茲概要圖示

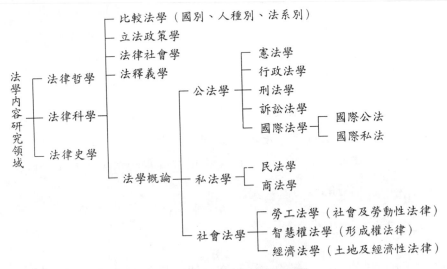

圖2-1　法學內容研究領域圖

如圖2-1。

二、學派

　　法學不外乎社會科學的一種，有其知識的系統性，而由於研究方法的不同，或偏歸納、或尚演繹，以及著重的法價值互有差異，致生各種派別，其中較顯要者有以下諸學派。

(一)哲學研究法

(1)意義：以哲學理論為基礎，探求法律的真理。哲學研究法雖可引導法學趨於正途，但其內容往往玄奧而缺乏一致性的標準。

(2)研究法之應用——自然法學派

　①此派以為在國家成立前，或者超越國家之上，有一個普遍妥當的自然法則，如人類一切自然狀態，或人的

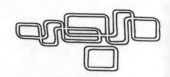

天性，或人的理性；國家法律只有在不違背這種識別
善惡的永恆不變法則下，才應具有效力。近代代表人
物，如哥老秀斯（Hugo Grotius, 1583-1645）、康德
（Immanuel Kant, 724-1804）、洛克與盧梭等人。

②法律觀：重視法律的正義與倫理道德面，認為法律並
非創造而得，是理性真理的發現，法律必須建立在自
由平等的原則上，以人民相互合意的契約，產生共同
信守的效力。

(二)歷史研究法

(1)意義：以史學的方法研究法律的起源、發展及制度變遷
的原理原則。歷史研究法雖可鑑古知今，避免現行法制
重蹈覆轍，但往往只重視特定國家民族的歷史背景，無
法形成全體人類共通適用的制度。主要代表人物，是德
國的薩維尼（Savigny, 1779-1861）。

(2)研究法之應用——歷史法學派

①此派根據法律變遷的實況及原因，以歸納法分析和闡
明法學，以為法律在於反映民族的時代性，故特重視
一國的民族意識。

②法律觀：法律是歷史的副產品，法律的成長須循一定
的歷史程序，人類無法創造，因此習慣法的價值應超
越成文法。

(三)社會研究法

(1)意義：以社會學的方法研究法律與社會的關聯，分析法
律對現實社會的影響。社會研究法可兼顧社會的現實，

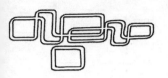

作為立法的參考，並使法律較不會曲高和寡，脫離社會
實際的需求，而能發揮務實的功效。主要代表人物，是
美國的龐德（Roscoe Pound, 1870-1964）。

(2)研究法之應用——社會法學派

①此派強調法律應以維護社會之利益為目的，本身起源
於十九世紀孔德所倡的「實證哲學」，強調「活」的法
律觀，故除了法律的規範性結構外，更應研究其社會
的、現實的功能和判例。

②法律觀：將法律視為改善社會、維護社會利益的手
段，主張法律應合乎社會實際狀況的需要；同時主張
加強法律公法化的觀念，減少私法適用的範圍。

(3)相關派別——利益法學派

①此派乃根據行為的價值，以闡明法學的理論，認為法
律不是概念性的結構法學，而是調合各種競合利益，
維護行為者利益的手段。

②法律觀：社會活動是個人利益與社會共同利益相互牴
觸的過程，而法律的主要目的即是調和社會各種競合
的利益，以減少社會摩擦。

(四)分析研究法（註釋研究法）

(1)意義：主張按照法律條文，逐字逐句加以解釋，以闡明
其意義。分析研究法可減少適用疑義，易於理解法律意
義，但往往過於咬文嚼字，使法律失去理想。

(2)研究法之應用——分析法學派（一般法學派、實證法學
派）

①此派主張放棄自然法學派的哲學觀，以研究實定法系

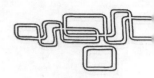

統、條文、原則的方式，探求法律的目的，以闡明法學之理論。代表人物，如英國的奧斯丁（John Austin, 1790-1859）、奧國的凱爾森（Hans Kelsen, 1881-1973）。

②法律觀：法律是立法者有意識的創造，吾人應力求避免對涵義的誤解，法學研究應以實證的方法，探求法律實際上所發生的具體效果。

(3)相關派別——新康德學派

①實證主義過度排斥哲學理念，不免形成「惡法亦法」的流弊。至二十世紀初，自然法思想乃捲土重來，將自然法的哲學觀與實證法的方法論予以結合，提出「內容可變的自然法」的觀念，進而造成引發新自然法的復興。

②法律觀：主張法律包含二大部分：一為法律之概念；二為法律之意念；前者乃所有成就法律的方式，後者乃指實現正義（法概念相當於康德的「純粹理性批判」，法意念則近乎「實踐理性批判」的意義）。而合乎正義的法律，必須適合時代與環境的要求。

(五)比較研究法

(1)意義：以歸納方法，比較各國法律制度的優劣得失，及其與各國的關係，由於注重法律系統的建立，易過於拘束於成文法的研究。

(2)研究法之應用——比較法學派

①此派主要比較各國立法例的異同，有助立法學之發展。

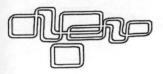
②法律觀：認爲法律固然是地理、人種及文化的產物，
　　但不應完全拘泥於本國的國情或其社會實況，可在不
　　同社會及國家的分析、比較中，分辨得失而採行最佳
　　者。

(六)綜合研究法

　(1)意義：不拘泥於特定研究方法，即將上述各研究法綜合
　　　應用。
　(2)研究法之應用——綜合法學派
　　　①此派主張要以各種研究法，全盤研究法學。
　　　②法律觀：法律係綜合國法、人情、天理等因素所成，
　　　　因此，法學研究應強調其多元化，使法律動態與靜
　　　　態、理論與實際得以兼籌並顧。

　　此外，史上尚有以維護宗教信仰爲目的，而闡明法律意義
的「宗教法學派」；以及隨共產世界消沈的「唯物史觀法學
派」。（註1）
　　總而言之，強調對法律規範作後設的理想目標思考，自然
法學理論面對社會不斷的變遷與多元化，很難有放諸四海的絕
對價值；歷史法學派強調集體意識，修正自然法學派過於信賴

註1：故楊日然大法官於法理學授課指出，法理論類型有以下五者，可說綜合
　　　了法學派及科學哲學的內涵：
　　　1.自然主義，含：(1)快樂主義；(2)功利主義；(3)進化論；(4)歷史主義。
　　　2.直觀主義，含：(1)柏拉圖之理念論；(2)現代自然法論。
　　　3.價值情緒說，含：(1)倫理懷疑論（尚區分爲邏輯實證主義及科學實證
　　　　主義）；(2)價值相對主義。
　　　4.現代經驗主義。
　　　5.戰後對於相對主義之反省論。

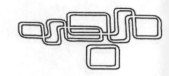

人類理性，所造成個人主義的極端傾向，惟於當代法律常為繼受先進國家，或著重於技術性管理規則，多已無法自圓其說；適用於社會需要與引導社會發展的社會法學派，從經驗主義、實用主義下自應運而生，但如忽視文化特性、經濟發展、政治良善等，只想以法律來達成社會改造工程，當亦有如癡人說夢。因此，包括為司法實務工作者所必然著重的法律理解、分析、應用，而能更明確、有效執行法律的實證法學派在內，各種學派皆有其優點和缺憾，「認識和寬容」，無疑是我們初學者應該把持的較佳態度。

第二節　法系

歷史上各國在個別歷史文化的影響下，雖發展出不同的法律制度，但經由世界文明的交流，使某些國家的法律制度呈現出共通性的架構，即謂「法系」。法系用詞並非指一國的法律體系，而是一種國際性的法律淵源概念，由於各國法律係經綜合性的比較，將其近似的精神歸納於系統中，涵義可說較為抽象而廣泛；法律體系則指一個國家內的全部法律，依其性質或作用加以歸納，所構築的國內法律之系統。現今國際上主要的法系乃有「大陸」與「海洋」兩類，我國現今法律，多有繼受自大陸法系者，斯值注意。

一、大陸法系

大陸法系係由羅馬法演進而來（西羅馬帝國的優士丁尼[Justinianus]大帝編撰法典，確定了成文法體系），因其影響整個歐洲大陸，尤以德、法兩國法制受其影響最為深遠，又名「歐

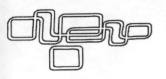

陸法系」。大陸法系是目前最具影響力的獨立法系，其最大之優點在於成文法典的具備，制定與法律適用亦皆較為嚴謹，對人民權利義務的保障頗為明確，適合現代法治國家的要求；惟現今大陸法系國家，亦日益重視司法體制，基於法秩序安定所形成的判決先例拘束作用，以其具體化與詮釋性，可改善僵硬的法條和其中的抽象不確定。

二、英美法系

英美法系（海洋法系）乃融合英國法與美國法所形成的法系。起源自諾曼王朝征服英國後，以傳統日耳曼法為基礎，透過設置巡迴法院、陪審制度的方法，將盎格魯撒克遜民族的習慣與判例加以統一，形成「普通法」（Common Law），其特徵為不重視成文法典，而常援引判決為審判，故又稱「判例法」；法官巡迴，人生地不熟，自然會仰賴地方人士協助仲斷（陪審團），並尊重地方習俗，而既無事前統一法規，在司法獨立自主下，自然會形成法官的主導造法，這也可說是英國「經驗主義」思想的合理結果（以法官的經驗形塑司法的理性）。

當今在法治思想交流下，英美法系已有「法典化」的趨勢。例如英國針對「普通法」（事後主張救濟賠償）不足而制定「衡平法」（Equity Law）（事前請求禁止預防），與其他的國會立法，而美國現行各種法律成文法日益增多，且編訂許多有系統的法典，故英美法系與大陸法系的特徵差異，已逐漸模糊化，然二者確多有制度之對比性，茲列表參照於**表2-1**。

三、中華法系

中華法系遠溯自唐「堯典」、虞「舜典」、夏「禹刑」、商

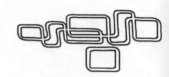

表2-1　大陸與英美法系對照表

	大陸法系	英美法系
法律形式	以成文法爲主要法源，習慣法、判例僅有補充法律的效力。	以判例、習慣法等不成文爲主要法源，成文法居次要地位。
法院組織	司法二元制。普通法院組織以外尚有行政法院。普通法院掌理民、刑事訴訟，行政法院掌理行政訴訟。	司法一元制。強調所有法律問題，均應由同一法院審判，以維平等的正義。
法庭制度	法庭多採合議制，不設陪審團。	法庭採獨任制，謀殺叛亂等刑事案件並常設有陪審制。
訴訟程序	較重視訴訟程序；案件先審查合乎程序後，始得進入實體審判，訴訟程序法律明文規範，不合程序，裁判即有瑕疵。	訴訟程序紛歧；因重視習慣，訴訟程序無整齊劃一的規定，因而偏重實體而忽略程序。
民商制度	民商法二元制（分別訂定）	民商法一元制（民法內含商事規定）
緊急命令	承認緊急命令	不承認緊急命令
法官任用	法官與律師分別任用，律師轉法官，須經相當的程序。	法官多由律師長期培訓後出任，或由民選產生。
法學教育	條文詮釋誦記	案例研討（勝訴技巧）

「湯刑」，以儒家學說爲中心思想，使法律與道德、禮儀互爲表裡，歷經各朝，至「唐律」法制趨於成熟，史上對於鄰近國家亦多有影響。當今中華法系雖已不復興盛，但身爲華夏文化濡沫之吾輩，自應對其有所認識。

中華法系從「司法體系」來看，不像西方國家審理人民紛爭，有教會超然於政治，而完全是由統治機構——縣府衙門包辦，必然首重政權的護衛，如謂：「王者之政，莫急於防止盜賊」，而強調威刑和服從義務；從「文化思想」來看，主流儒家

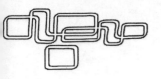

思想是社會管理學，以團體價值超越個人，故強調家族主義、民本思想（非個人主義的民主）；從「社會結構」來看，農業社會不同於游牧或漁獵民族，因空間局限難突破（世代守住同一塊土地），乃轉而企求時間上的綿延突破，而尚祀、尚祖。吾人進一步綜合論者觀點，則主要有以下諸特色：

(1)道德、禮儀與法治相輔相成：所謂：「道之以德，齊之以禮，有恥且格。」「不教而殺謂之虐。」

(2)人治與法治並行：中國歷代法律，迄未排斥人治的重要性，如孟子主張「徒善不足以為政，徒法不能以自行」，孔子謂：「君子之德風，小人之德草，草上之風必偃。」試觀中國的科舉制度，即重官吏之賢與能，而百姓尤常將希望寄託於青天大老爺的明鏡高懸。

(3)偏向義務本位的立法：中國禮教之本在於倫常，君臣、父子、夫婦、兄弟、朋友，各有義務，並強調長幼尊卑的關係，與羅馬法系以權利本位的觀點不同。

(4)家庭制度的維護：中國社會一向以家族為本位，個人的地位不彰顯，對於親屬間權利義務的賦予，或是罪刑輕重的標準，頗以家庭為考量重心。

(5)民本觀念的重視：「民為邦本，本固邦寧」、「仁民愛物」，歷代賢臣常告誡君王應採民本觀念，此乃使之潛存於歷代法制思想中，惟民本乃由上而下，缺乏人民自由與自主的意識。

(6)宗教觀念的放任：中國法律對於宗教，既不鼓勵亦不排斥，歷代法律中表現宗教色彩者極少。

(7)民、商法不彰：我國自戰國時代李悝首創法典六章

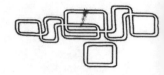

「盜、賊、囚、捕、雜、具」以來，中國法律多以刑爲主，司法制度亦多係當庭問供，而少由人民自由訴訟。因此，「法」在中國幾與「刑」相當，雖或有民事的規定（民事關涉人民風俗習慣，大多歸屬於禮），亦僅爲刑事的附庸。

四、印度法系

以婆羅門教法爲其法律思想基礎，將人民區分爲僧侶、武士、平民、奴隸等，爲具有嚴格階級制度的法系。

十八世紀英國統治印度，注重殖民地舊有的法制，使婆羅門法得以繼續發展。直至印度獨立，信奉回教的地區成立巴基斯坦；而印度本身在英國統治下，其公法深受英國民主思想的影響，但民事法律仍受婆羅門法的影響，惟已改革嚴格的階層制，此法系亦已漸失固有的特質。

五、回回法系（阿拉伯法系）

以穆罕默德創立的可蘭經爲圭臬，將法律意識藉教義發揮其作用，使教義與法律冶於一爐，成爲回教國家所奉行的獨立法系。由於回教國家眾多，且現行判決尚有法學界所增益之「法理詮釋」爲輔助依據，此法系仍能維持其存在。

第三章
法之基本觀念

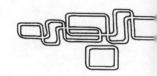

第一節　法之目的

　　法律的目的，來自人類社會需求而賦予，也可說是立法所欲達成的功能。個別法規範自然有其立法的不同目標，如憲法乃欲架構一主權社會，而達到人民權利的保障；民法旨在對於人民的生活運作，給予合理的規範，而強調「保財」（債權、物權）與「保種」（婚姻、家庭親子、繼承）；又如刑法針對犯罪者給予制裁，使確能維護國家、社會和個人的法益；時下正興起的智慧財產法規，如著作權法乃在維護個人獨特性創新性的種種智識、藝術與表現創作權益，兼顧及國家文化發展與合理使用空間。至如其他的戒嚴法、集會遊行法、選舉罷免法、公平交易法、性侵害犯罪防治法、兒童福利法……，林林總總的法規，大多更可從其名稱即瞭解該法的立法目的。然而就全體法律共同特性言，法律究有何普遍之目的，可說是吾人就「法律」所應先行掌握的一大基本觀念。

　　所有法律共同期求的目的，一在維護社會秩序，另一是實現正義。維護社會秩序需要「法之安定性」，惟法秩序與正義二者在概念上常見有所衝突，此不免成為法律良善與否的爭論所在。

一、法之安定性

　　秉持這一立場者，不免會認為「惡法總比無法好」，即為維持社會秩序，只好將法律安定性優先適用，不論是正義或不正義，只要能對社會的秩序有貢獻即可。此時，就是有不正之法律，也只好容忍。蓋一般法律的制定，雖屬立法的權限，但因與政治權力有密切的關聯，因此，在運用政治權力立法時，可

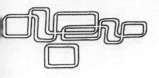
能會有為達目的而犧牲正義的情事。

二、正義

　　強調正義的實現者，認為法律的價值應以衡平之原則，解
決社會中多種問題為其目的。因此，如有法律與正義之原則相
背離，這種法律將失去價值，而必須加以修正或廢止。然而在
現實社會裡，因正義理念常具有多義性，一個法律是否符合正
義，往往各人有不同評斷。而人人皆依其自認為正義的方向來
行動，社會將陷於混亂不安之境，況且社會變遷乃持續不斷，
如隨時依據自認為正義之原則而修正法律，亦將危及法律的安
定。在正義與法律安定性兩者之中，究宜以哪一項為重點，乃
是一種兩難困境（註1）；此際如能在確保法律安定性的範圍內
實現正義，當屬最稱允當，否則不妨參考我國「中庸」之道，
避免陷於完全偏向一方，而造成負面極端的缺失。

　　另外今日的人民是主權者，立法機關乃是由人民選舉的代
表所組成，人民自亦有權力要求法治之推行，與新法之制定、
舊法之改廢，如此對於阻礙社會發展、製造不公平待遇的法
律，當可在民主政治運作下，得以改善調適。

第二節　法之形式（法源）

　　法律組成的資料，或法律存在的形式，通說謂為：「法

註1：法律之正義論，為法理學及自然法探討的一大重心，可參閱第一章第二
　　　節亞里斯多德及羅爾斯等人觀點；至於法秩序的確保，論者大約強調以
　　　下幾項必要條件：(1)法律涵義應明確，使避免誤解；(2)不隨時輕率修改
　　　法律，使避免失去人民的信賴；(3)法律必須確實加以履行；(4)法律必須
　　　符合國民之意識，此即可以合理的期望人民確有能力加以遵行。

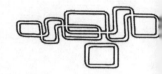

源」；一為成文法源，係國家依法定程序制定，具有法律條文形式的法律，是為「直接法源」；另一為不成文法源，係經由國家承認，雖不具有法律條文形式，但有法律效力的規範，此即屬「間接法源」。二者均因符合法律以強制力、公權力為後盾，及乃社會生活規範的特性，而構成「法」之形式。「法」是廣義而亦具實質規範作用者，「法律」則是狹義專指「制定法」而言，在德文中，法是 Recht、法律是 Gesetz，有明確不同的用字與概念。

一、成文法

成文法者，國家機關依據一定程序，所制定具有法律條文形式，直接對人民發生拘束力的法規範。包括憲法、法律、命令、自治法規、條約等，由於較具體系化和明確性，可依既有程序修廢，對於人民權益保障和法治進步，自較彰顯。

(一)憲法

憲法者，規定國家基本組織及其權限、人民權利及義務的根本大法。憲法可謂為國家一切法源的總構造法，如何使能發揮具體宏效，而不淪於有名無實的名義式憲法，或統治者操弄的文字遊戲式憲法，是發展中國家法治與社經進步的充分要件。

(二)法律

法律者，立法院經三讀會程序制定，送經總統公布及行政院長副署者。法律名稱，依中央法規標準法所定，分別為法、律、條例與通則。例如，著作權法、戰時軍律、二二八受難家屬補償條例與農田水利會組織通則等。另如有經由人民創制或

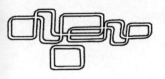

複決全國性法律或自治規章而使生效者，自亦成爲成文法源。

(三)命令

命令者，行政機關本職權或基於法律授權對外表示，具有拘束人民效力者。命令得依其性質，稱爲規程、規則、細則、辦法、綱要、標準或準則。命令經法律明確授權行政部門制定，而具有法律條文形式者，稱爲法規（授權）命令，如大學法施行細則、高速公路交通管理規則。

另有國家發生重大事故而啓動的應變機制，其常具有暫時凍結或變更法律的作用，如我國憲法亦明定有總統發布「緊急命令」的行政權限，惟民主國家此一措施尚應取得國會的同意，以免招致擴權獨裁。

(四)地方自治法規

自治法規乃自治團體根據憲法所賦予的自治權所制定者。目前我國自治法的基本法爲立法院所制定的「地方制度法」，各級地方機關得依地方自治所需，制定拘束自治區內人民的法規（註2）。

註2：依現行地方制度之規定，省自治立法權已予暫停，現有於民國88年所修訂之「地方制度法」，包括：

　　1.自治條例：由地方立法機關通過並由各該行政機關公布，而分別冠以各該地方自治團體之名稱者，其種類與定名爲：

　　　(1)直轄市「法規」：由直轄市議會制定，並由直轄市政府公布。

　　　(2)縣（市）「規章」：由縣（市）議會制定，並由縣（市）政府公布。

　　　(3)鄉鎮（市）「規約」：由鄉鎮（市）民代表大會制定，並由鄉鎮（市）公所公布。

　　2.自治規則：由直轄市政府、縣（市）政府、鄉鎮（市）公所就其自治

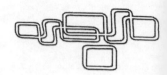

(五)條約

　　條約者，國家間所簽訂的契約，目的在創設締約國間的權利與義務。依我國大法官釋字第329號解釋，不論締結條約（treaty）、公約（convention）或協定（agreement）等名稱，直接涉及國家重要事項或人民權利義務者，均屬我國憲法上的締結條約行為；至若國際條約締結程序，1969年聯合國通過之「條約法公約」規定，首先締約國互派全權代表，代表協商及簽署，交由各本國立法機關批准，條約生效（雙邊條約互換文，多國公約達該法定生效批准數目），此後自應履行條約內容，而具有拘束締約國人民的效力。如中美曾簽訂的「共同防禦條約」，及國際法上的「聯合國憲章」、「海洋公約」、「大陸礁層公約」等。惟條約是否仍須經立法機關修正相關國內法，才可正式實施，一般可分為二種制度：

(1)自動執行說：此說認為條約在締結過程已由立法機關參與，故條約只須於簽訂後依法批准，無須另經立法程序，即可自動實施。如美國、法國、日本及我國等皆採此制。

(2)非自動執行說：條約批准公布後，尚需經立法程序制定或修改法律，始生效力，此制為英國採行。

事項，依其法定職權或基於法律、自治條例之授權，訂定並發布下達，而分別冠以各該地方自治團體之名稱者。其定名同於一般行政規章，分別為：規則、規程、細則、辦法、綱要、標準、準則。

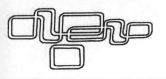

二、不成文法

不成文法者，並非由國家機關依一定程序制定，同時也不具有法律條文形式，但卻因國家的承認而對人民具拘束力的法規範。不成文法包括：判例、習慣法、法理、解釋例等。（**註3**）

(一)判例

判例乃法院對於訴訟案件所做的判決，法官遇有相同或者類似的案件發生時，應該參照前例而為相同的判決。英美法系素重判例之權威性，即或大陸法系的我國最高法院判例，對各級法院亦均有拘束力。

判例一方面基於司法體系制度所形成的拘束作用（如在我國係經最高法院民、刑庭會議選編），另方面來自司法運作的「正義性」，相同案情不應有不同結果；況且法律多係概括與抽象，在複雜多異的社會適用時，如民法（民§8）的死亡宣告聲請人中，何者是屬條文所稱「利害關係人」？刑法的正當防衛（刑§23），哪些情況可構成「正當」？太多的法律規定需要藉助判例來使柔軟化、具體化。

註3：不成文法源，使法律存在之形式趨於多樣化，然是否確具有相當關聯效應，而可論以「法源」，允宜保守，如法官造法之「判例」，對於相同情況不應有不同判決結果，乃基於維護人民權利和司法審級系統，有其實際運作之必然性。至若一般尚有以道德、宗教、主義、外國法等視為法源者，本書以為失之過寬。如依此見，則經濟、政治、文化、語言……幾無不可論以法源，至若學說，自應以構成法理者，如孟氏之權力分立說乃憲政法理，始宜視為「法源」。

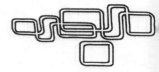

(二)習慣法

習慣法，乃社會一般人就同一事項，反覆爲同一行爲的慣行，具有法律效力者。習慣因爲國家承認而成爲習慣法，如我國民法（民§1）規定，民事於法律所未規定時際即依「習慣」處置，惟刑事法規則奉罪刑法定的嚴禁法理，而無採用的餘地。

習慣具有法律效力的要件包括：(1)爲社會一般人的慣行；(2)爲一般人對之存有如同法律的拘束認同；(3)爲習慣不得違反公共秩序或善良風俗；以及(4)乃法無明文規定的情形。例如我國傳統有典妻制度和藏區的一妻多夫習俗等，屬於違背善良風俗的習慣，無效。目前臺灣盛行民間合會習慣，原屬於有法律效力的習慣法，現則因民法已將之納入債的種類，而成爲正式法律內容。

(三)法理

法理乃法律的原理原則，其或爲從現行法律體系加以類推適用，或因屬多數人承認的共同生活原理，經國家承認而具有法律適用的拘束效力者。

例如，公法上的「平等和公益」原則，禁止行政機關所爲行政處分對於人民有差別待遇，以及應考量多數人的利益；「比例原則」禁止行政機關手段與目的顯然不相當，例如警衛用機槍掃射以驅離示威群眾，即屬違反禁止過度的比例原則。又如私法上基本法理爲「私法自治原則」，故民法中雖有法律行爲不得違反公序良俗，及契約顯失公平者無效的規定等，但法官依法解決民事紛爭，當事人雙方的約定，依自治法理，必是案

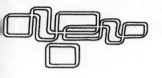

件審理的重要依據所在。

(四)解釋

　　各種有權機關於適用法律所作成的闡釋，多有拘束力之法效。「行政解釋」，如經濟部68年11月17日商字第39514號：員工預支薪資，不屬於借款（如此可拘束企業不得強收利息）；「司法解釋」，一般法官在案件中的見解即是，尤其是明定專責解釋權的制度，如我國司法院大法官所爲的「違憲審查」，與統一法令見解的解釋。

第三節　法之體系

　　就法論法，強調排除一切與此無關的因素，從結構上分析實證法，而不是心理或經濟的解釋條件，也不是從道德或政治對它的目的進行評價；如此以一個共同體的法律規範總和，應構成一個法律秩序。當代主權下的國家共同體，其各類型的法規範，可依其效力的高低和適用範圍形成一完整的等級體系，而分爲「基本規範」、「一般規範」和「個別規範」三層級。

　　這個由實證法學的純粹法學派大師凱爾森（Hans Kelsen, 1881-1973）所創的法位階論，主張「效力是規範的特徵」，一個規範的效力來自另一更高的規範，一個動態的規範體系體現爲：「金字塔山峰式的、層層委託和授權的規範階級體系。」如此從結構上分析實證法，使法秩序得以統一化的位階論，已是今日各國普遍接受的法學概念。

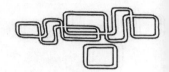

一、三級規範

規範是指示「應當如何行為」，國家因創設各種具強制力的規範而成為一法治體，此一法治體的結構位階，便如**圖3-1**所示，乃是呈現一金字塔形狀，包括：

(1)基本規範：乃指一切規範效力的總淵源，亦即憲法。憲法為國家最高權威之法，發生兩大效力：①決定一般規範的創立方式；②決定一般規範的內容。

(2)一般規範：乃源自憲法，次於憲法之位階，包括由立法機關制定的法律，以及授權行政機關所訂定的命令，兩者常併稱為「法令」或「法規」。

(3)個別規範：乃一般規範對具體事件所創設的實際社會生活規範，如司法機關的裁判行為、行政機關的行政處分，和人民私法上的契約等債之行為。

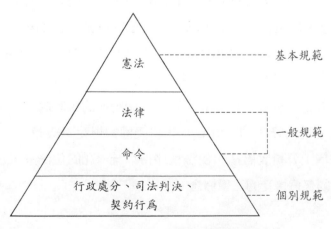

圖3-1　法規範的結構位階

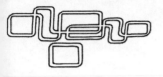

二、規範效力

　　在「法律的位階理論」中，層級愈高，效力愈強，但內容愈抽象；而層級愈低，效力愈弱，內容則愈具體。法律不能牴觸其上位憲法，且法律應受憲法之限制，命令不能牴觸憲法與法律，而司法與行政機關必須以憲法、法律、命令為其審判或處決依據。至於基本規範效力乃來自政治力（制憲權），是一國人民之共同賦予的抽象主權假定。

第四章
法律之特性分類

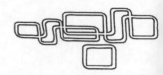

　　為有助於法理的探究，明晰法律的特質和作用，有必要依各種不同規準從事法律之歸納綜合，如從法之內容，區分為國內法與國際法、公法與私法、實體法與程序法；基於法之適用範圍，區分為普通法與特別法、原則法與例外法；基於法之適用程度，區分為強行法與任意法、嚴正法與衡平法；基於法之資料來源，區分為母法（固有法）與子法（繼受法）。

　　就此種「法之分類」言，乃是法學認識上一個基本的重要框架。

第一節　公法與私法

一、分類標準

　　有關公、私法如何區分，以便將現實諸法能加以歸類，向來學說爭論未定。而且自福利國家、給付行政等理念興起，國家應維護人民的機會平等外，更應重視社會、經濟的分配正義，使立法亦頗重視公權力的引進自由經濟行為，這種社會政策的法律日益增加，而出現有法律「三元論」的公私混合法系另一法類型。茲先簡介公、私法的主要分類理論，再概述其餘。

　　(1)權力說：公法為規定不平等的權力關係的法律，多可強制人民服從；私法為規定平等關係的法律，故雙方當事人可以自由意思取捨。此說強調意思之服從或自主，又可稱「意思說」。

　　(2)主體說：凡法律規定之主體，雙方均為私人或私團體者

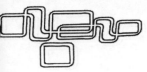

為私法；而有一方或雙方均為如國家等公法人者，即論
以公法。

(3)利益說：凡以保護公益為目的者為公法；以保護私益為
目的者為私法。

　　上述學說各自有其分類依據，但均有不足之處，吾人於認
知上則無妨綜合觀察，而把握下述兩點精義：其一，在大體
上，凡規定權力服從關係、國家關係、統治關係者為公法，而
規定平等關係、社會關係、非統治關係者則偏向私法。其二，
是個別法律為求本身內涵妥當性，均會力求周延兼顧，故屬公
法者或許仍雜有私法規範，私法中亦不免多有強制或適用於公
法人主體者，如選舉法規為公法，但人民可以自由意思拒絕投
票，而民法為私法，但亦可適用於國家和人民間的契約，或如
民法中親權行使（管教權）亦存在權力服從不平等關係；況加
以「公私混合法」的法規大量存在，吾人似宜從個別法律規範
的精神來判別公法或私法（其實本章法之分類莫不秉此觀點），
以「公的權力關係」較顯著，或「私的權力關係」較占分量，
決定其相對應歸屬的領域。

二、區別實效

(1)公法爭訟多由行政法院管轄，私法爭執解決則由普通法
院管轄，依一般訴訟程序為之。

(2)公務員基於國家機關地位，行使公權力之不法行政行
為，致人民權利受損，應由國家負賠償責任。若國家機
關立於私法主體地位，從事一般行政輔助的行為，僅為
單純民事賠償，不構成國家賠償問題。

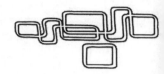

(3)公法案件，始能適用行政的強制執行。

三、公私混合法（社會法）

如前所述，由於社會進步創造了更多財富，但貧富不均引起社會對立，爲了保障經濟的正常運作與勞動者福利，各國無不積極以立法手段介入經濟行爲，形成私法「公法化」或「法律社會化」的現象。此際的社會法乃針對私法原理中，如所有權絕對、契約自由、過失責任主義等，以國家強制力加以修正。此種「公私混合法」，可區分如下細類：

(1)爲促使國家經濟正常運作爲目的之經濟法，如反托辣斯法、公平交易法等。

(2)爲實現個人的實質平等、保護經濟弱者的社會立法，如消費者保護法、社會保險法等。

(3)爲維護勞工權益的勞工立法，如工廠法、勞動基準法、工會法等。

(4)爲維護智慧財產權（無體財產權）等創新性爲目的之立法，如著作權法、專利法等。

茲就本節區分，圖示如**圖4-1**。

第二節　實體法與程序法

一、分類標準

法律以規範權利義務的實體內容，或爲獲得此權利義務滿足的手段，可區分爲實體法與程序法，二者的區別價值，有助

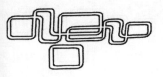

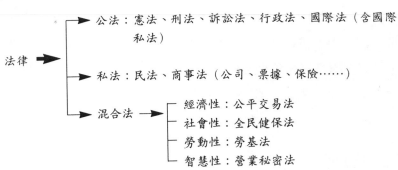

法律
→ 公法：憲法、刑法、訴訟法、行政法、國際法（含國際私法）
→ 私法：民法、商事法（公司、票據、保險……）
→ 混合法 →
　經濟性：公平交易法
　社會性：全民健保法
　勞動性：勞基法
　智慧性：營業秘密法

圖4-1　公私法的區分

於清晰法律的手段與目的關係。

(一)實體法

　　凡規定權利義務實質之法律爲實體法，又稱「主法」，例如民法、刑法等是。「實體」二字在法學上的意義，係包括物質上或行爲上的利害關係而言。例如民法債編中關於「債之標的」，乃得爲請求的實際利益，可分爲種類之債、貨幣之債、利息之債、選擇之債、損害賠償之債等類型；又刑法分則關於「內亂罪」、「瀆職罪」、「公共危險罪」、「殺人罪」……之規定，亦均爲物質上或行爲上利害關係的實體規定。

(二)程序法

　　凡規定實體法之運用及施行手續之法律爲程序法，因無獨立存在的價值，是爲「助法」，例如民事訴訟法、行政訴訟法。

　　實體法和程序法的分類亦是一種大致對照，故在典型的實體法如民法者，總則編中第二章亦有關於「法人設立」的各項手續規定。又在一部法律中，同時包括實體法與程序法者甚

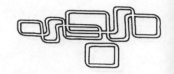

多，如社會秩序維護法及其他行政法，社會秩序維護法的第一編總則（規定責任能力、違法類型、罰則）及第三編分則（規定妨害安寧秩序、善良風俗、公務、身體財產），類如刑法的實體規範，第二編處罰程序（管轄→調查→裁處→執行→救濟）則係如同刑事訴訟法的程序法內容。

二、區別實效

(1)二者具有密切的關係，實體法是「體」，程序法是「用」，沒有實體法，程序法無規範可為判準，缺乏運作的程序法，實體法很難有效獲致成果而發生效力，二者乃相輔相成。如刑法規定犯罪類型與罰則，輔以刑事訴訟法的法定追懲方法，如此使「法治」能兼顧實體正義和程序正義。

(2)一種法律如附帶公布有施行法或施行條例者，此法律即為主法的實體法，而施行法乃相對成為助法的程序法，如我國民法總則、債等各編，均另訂有施行法，又如兵役法乃訂定有「兵役施行法」。此時程序法方面的解釋，如有和實體法不符時，基於實體法是「目的」，手段應該為達目的之實現而受目的支配，以程序法遷就實體法，切莫反其道而行，以手段、程序而毀棄實體法的適用和精神。

(3)就法律之社會實踐而言，司法乃法律的適用與仲裁，在法院體系適用實體法與程序法之關聯性上，則必先依程序法進行合法起訴。如刑事的檢察官依刑事訴訟法規定偵察而提公訴；或如民事一般原告應依「以原就被」原則，向被告住、居所所在地法院提出起訴狀。故就管轄

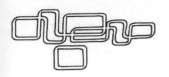
權而言，首應依循程序法規定，而後法官等始得依實體
法，作出權利義務的爭執裁斷。

第三節 普通法與特別法

一、分類標準

普通法與特別法的分類，是以法律效力所及的範圍作為標
準。凡全國任何地方、任何一種人、任何一種事項，都可適用
的法律，便是普通法；反之，僅適用於特定的地方、特定人、
特定事項或時間的法律，這種限地法、限人法、限事法及限時
法，乃為特別法。以下分別說明其區別標準：（**註1**）

(一)以地為標準

此項分法，係以受法律適用之地域為基礎而區分，凡適用
於全國各地方的法律，為普通法；僅適用於全國某一地方的法
律，為特別法。如我國的民法、刑法，適用於中華民國境內，
故為普通法；原來的「臺灣省菸酒專賣條例」（民國89年已改定
「菸酒管理法」及「菸酒稅法」而廢止），僅適用於臺灣省以
內，乃是特別法，而「離島建設條例」則僅適用於金門、馬
祖、澎湖等外島，亦屬地域上的特別法。

註1：特別法的需要原因，即基於文中所述的四項指標。或因需適應不同地方
　　的特殊民情與習俗；或對於某些特殊身分者，有必要科以特別責任；或
　　針對某些特殊種類事件，及雖屬經常事件，但為普通法所不能概括詳盡
　　者（如民法無法完善對家庭兩性問題加以規範，而有另訂民事保護令之
　　家庭暴力防治法）；或因應緊急事故發生等之需要者。

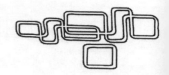

(二)以人為標準

凡適用於全體人民的法律，為普通法；僅適用於一部分人的法律，為特別法。如刑法適用於一般人民，故為普通法；「陸海空軍刑法」，僅適用於陸海空軍軍人，故為特別法；「原住民工作權保障法」乃如同「身心障礙保護法」，亦屬對特定主體所制定的特別法規。

(三)以事為標準

凡適用於一般事項的法律，為普通法；僅適用於特定事項的法律，為特別法。如民法適用於一般民事事項，刑法適用於一般刑事事項，故為普通法；「懲治漢奸條例」乃係專對於通敵叛國而設，「公司法」係專對於公司設立、運作事務而設，故均為特別法。

(四)以時為標準

凡未限定任何施行時間的法律，為普通法，如憲法、民法、刑法。凡適用於特定時間的法律，如原來的戡亂時期貪污治罪條例（民國80年終止動員戡亂而更正名稱為貪污治罪條例），及特就已往白色恐怖所定「戒嚴時期不當審判補償條例」，均係屬於特別法。

二、區別實效

(1)一般普通法與特別法的區別，不僅存在不同法律之間，也可能是處於同一部法律的條文中，且均不以全部事項為限。前者如票據法、公司法有關的處罰條文，均屬民

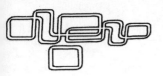

法之特別法，而有刑罰的特別作用；後者如刑法的「殺直系血親尊親屬罪」處死刑或無期徒刑，便是處於同法第271條一般殺人罪的本刑最低十年以上之特別法地位。

(2)特別法係基於法律制定，本無法就所有及未來可能事項預做規範（參見註1），一方面基於實際社會的迫切需要，另方面爲避免大幅修改該普通法而破壞法之安定性，乃就某特殊情況另訂特別法予以適用；所以二者區別的一項實益，乃在將來特殊情況已消失，則該特別法在無需要性下，即可廢止，而使普通法維持原運作不受妨礙，如「耕者有其田條例」因臺灣耕地分割過細、不利農作，且其爲使廣大佃農成爲自耕農的任務已完成，廢止該特別法後仍無損於「土地法」的存在價值；又如廢止多有死刑而過於嚴苛的「懲治盜匪條例」，仍可依一般「刑法」規定來對犯罪嚇阻。

(3)特別法與普通法係相對性之概念，如民法相較於「公司法」，公司法爲特別法，但公司法相較於「證券交易法」，又以證交法爲特別法。遇有法規競合時，即同一事項，有兩種法規定均符合構成要件，而形成競爭情勢時（若選甲則另方的乙即落選），應優先適用特別法。

第四節　原則法與例外法

一、分類標準

原則法與例外法的使用，常見於同一部法典之內，其區分

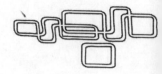

係來自有無例外規定時產生，否則每一條文既係具文明述，自係屬原則規定，故在有排除原則性規定之特別規定出現時，二者始因對照而有所界定；相較普通法與特別法區分，其係兩個完整規範或概念同時對某事務均有規定到，作為抉擇時判斷的一種法理運用方法，此則為一個完整概念下，對不妥適者加以明文規定排除，根據的是法律的明文而非技巧方法。因此以規定是否為原則或例外作區分，應辨別認識的是例外法的型態，包括以下兩者，而以第二項的「但書」最常見：

(1)不同條文之分別規定：如民法第6條：「人之權利能力，始於出生，終於死亡」，屬原則規定。第7條：「胎兒以將來非死產者為限，關於其個人利益之保護，視為既已出生」，此乃民法第6條的例外法。因此，一般人原則上於出生後才擁有權利能力（享受權利、負擔義務的資格），但胎兒雖尚未出生，其利益保護仍與出生相同，如此時父死亡，則應分配有一份該當的遺產。

(2)相同條文中前後規定：通常以「但書規定」或「除外規定」表示。

①前者但書規定，文字呈現為：「但……不在此限」，如刑法第21條：「依所屬上級公務員命令之職務上行為，不罰。但明知命令違法者，不在此限」，前段的不罰規定為原則法，但後段「但書」則為例外的應罰規定。

②後者除外規定，文字呈現為：「除……以外」，如憲法第130條規定：「中華民國國民年滿二十歲者，有依法選舉之權，除本憲法及法律別有規定者外，年滿二

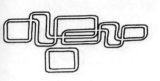

十三歲者，有依法被選舉之權。」本條後段規定「年
滿二十三歲者有依法被選舉之權」是原則規定，而
「除本憲法及法律別有規定者外」，乃爲其例外規定。

二、區別實效

(1)例外法的適用，須有明文排除原則法的適用時始得爲
之，否則不得逕爲適用。蓋例外法本質存在矯正原則法
的意涵，如前述胎兒的享有部分權利能力，相較於權利
能力始自出生言，即在於肯認很多社會與人生問題非即
一分爲二的「有」或「無」，必須有局部、漸層及灰色帶
等不同適用，故一旦有例外法的適用情況時，其效力應
高於原則規定。

(2)解釋方式二者有所分野，蓋例外法須從嚴解釋，不得採
擴張解釋或類推解釋，而原則法在法理許可範圍內或與
立法精神不相悖之範圍內，得爲擴張或類推解釋；例外
法既係一種特別的排除規定，自不宜漫無限制範圍，而
使原則規定喪失意義。

(3)依訴訟法舉證責任分配之原則而言，適用原則法者，舉
證責任在於原告（請求者），但若主張適用例外法爲前提
要件，其事實的舉證責任在於被告（被請求者）；亦即
被告欲主張此係例外情況而排除原告的訴求，應就例外
部分提出事證，此際乃爲「舉證責任轉換」。

第五節　其他分類

法律之分類甚多，除上述四節說明以外，下述分類亦頗重

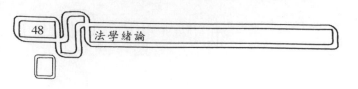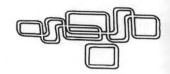

要，而值得爲學者注意分辨。

一、成文法與不成文法

(一)分類標準

依法律制定程序及條文形式區分。成文法係由國家依一定程序所制頒而具有形式條文者，亦即「法典」；反之如判例、解釋例、習慣等非經立法程序，而是在司法過程因實際需要，由國家所不得不認許具有法之拘束作用者，爲不成文法（參見第三章第二節「法之形式」）。

(二)區別實效

成文法具嚴謹作業程序，內容自較明確可行，有助國家政策大力推動，及人民預知守法使社會有序與安定；至如不成文法，則較能滿足個別、特殊正義之維護，同時因大多以具體事實爲背景（如社會習慣、實際案件），可避免成文法的有時陳義太高而不合社會效用（如著作權法不無超乎國人可能遵守的水準；「性侵害」的適用於夫妻間，與國民意識和社會觀念亦有超前立法情形）。

二、強行法與任意法

(一)分類標準

以法律效力的強弱爲分類的標準。強行法乃指法律規定的事項，不容許私人自由意思有所選擇；尚可分爲強制人民爲某行爲的「命令法」型態，如強制人民服兵役的兵役法，以及禁

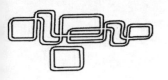

止人民為特定行為，如刑法禁止人民犯罪的「禁止法」型態。任意法是法律的適用受私人意思而左右，亦可包括補充或解釋當事人意思兩種作用。

法律條文用字為：「應……」、「不得……」、「非……不得……」，屬於強行法型態；如刑事訴訟法的有關規定，「搜索，應用搜索票」（刑訴§128）、「無證據不得認定犯罪事實」（刑訴§154）、「實施偵查，非有必要不得先行傳訊被告。」（軍審§135）；另若文字係為：「得……」、「契約另有訂定者從其約定」，則通常為任意法的型態，如「被詐欺、脅迫者，得撤銷其意思表示」（民§92）、「依當事人之特約，使條件成就之效果，不於條件成就之時發生者，依其特約」（民§99）。

(二)區別實效

二者在法律上的效果不同，違反強行法為無效，且如係公法，大多另有罰則，如刑法定有各項罪名，妨害兵役治罪條例、所得稅法等之徒刑與加徵滯納金；違反任意法時，若當事人無異議則仍為有效，如前述民法的受詐欺或脅迫之婚姻，而未加以撤銷者，其結婚自仍生效力。

三、母法與子法

(一)分類標準

依法律產生的彼此關係作為衡量，根據他法而產生者為子法，被根據者為母法，二者具有淵源之關係；一般的本法與其施行法，如土地法與土地法施行法、國籍法與國籍法施行法、兵役法與兵役法施行法即是，另如憲法位居本國最高法位階，

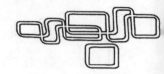

有一國法律的總母法稱謂。

(二)區別實效

　　母法多為原則性、一般性規定，而子法則發揮補充作用，較為細節和個別性；同時子法既依母法而來，母法制定恆在子法之前，並使母法的修廢，影響子法的修正或存續，如「動員戡亂臨時條款」的廢止，使許多據此而頒行的法規，或修正名稱，或實質修改法規內容。

(三)法律繼受

　　固有法與繼受法，此二者是以法律資料來源為分類，固有法係根據本國固有的社會狀態及人情習俗而制定，乃是該國原有法律；而模仿外國法所制定的法律，是為繼受法。此際亦可謂二者分處於母法與子法的狀態。

四、組織法與行為法

(一)分類標準

　　依法律係決定行為的基礎或直接規範人類行為，可區分為組織法與行為法。組織法規定社會某種組織的全體或某一法律制度的結構及綱要，偏向靜態的法；而行為法可說是依據組織而決定行動，是屬動態的法。組織法者如憲法、訴訟法、公司法、票據法、商標法、各國家機關組織法等，行為法則如民法、刑法、集會遊行法、社會秩序維護法、立法委員行為法、總統副總統選罷法等，乃決定一般人民行動的準則。

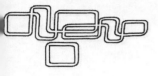

(二)區別實效

　　組織法，爲一切秩序基礎，性質較爲硬性與固定，多爲要式之嚴格規定，不許任意變更；行爲法著重多采多姿的生活創意，貴在伸縮與靈活自主，立法上多傾向尊重人民自由意志表現，故如民法契約自由和刑法常見「告訴乃論」情形。

五、國內法與國際法

　　凡法律由一個國家所制定，並以該國領土爲適用範圍，可知即爲國內法；而法律如爲一般國際間所公認的法則（公約、外交國際慣例），或適用於二個及以上國家之間（雙邊或多邊條約），即爲國際法。國際法如爲該國國會所批准生效而對國內公告者，基於國家主權意志的契約，及國際法庭得就紛爭仲裁等立論點，大多認爲其效力應高於或等同國內法。（註2）

六、嚴正法與衡平法

　　依司法人員裁判時的裁量權強弱區分。如必須嚴謹而無斟酌伸縮的適用可能，爲嚴正法；反之法院等適用法律規定時，得斟酌以爲裁決者，即爲衡平法。此分類與強行法、任意法係以「私人間」適用情形作爲判準不同，如民法規定「不堪同居之虐待」，得請求法院判決離婚，此係由審判法官自由裁量（不堪程度），乃「衡平法」之類型，非得由私人自主決定；另如刑

註2：國際法可分為平時與戰時性國際公法；另尚有所謂「國際私法」，此係依本國主權立場，針對相關涉案的不同國籍人間，所發生的私法爭議，用以確定該權利義務所應適用何國法的規範，如我國的「涉外民事適用法」屬之，在本質上實為一部國內法之法規。

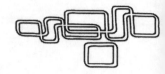

法所定：「刑之酌科」，法官審酌犯人的動機、目的、所受刺激、手段、智識程度等事由（刑§57），亦得爲輕重有別的判刑，甚或免除其刑。

七、實證法與超實證法

　　基於人類經驗及社會運作秩序所制定的各種現存法律，均屬強調成文規範的「實證法」；而如自然法者，以人類理性爲法則，如正義、人權觀等，係爲強調法律哲學思維的「超實證法」。實證法爲法官所必遵守，著重三段論證等邏輯推論，易走向概念法學而僵化；超實證法於法律有時而窮時，法官不免需造法而有法理之運用，惟理性等自然法常缺乏一致標準，此或有害法秩序之安定，故二者似宜以實證法爲主，輔以兼顧追求法目的性之自然法。

第五章
法律之創立修正廢止

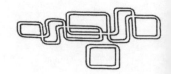

第一節　法律之創立

　　法律的涵義，既表現為建立法治國家的秩序規範，本身由公權力作為強制的支持力量，有關它的創廢及修正等，必基於一定的嚴謹程序；在權力分立原理下，國會機關立法，行政機關執法，司法機關仲裁，故此等法律之創廢事宜，亦由國會立法機關所專責。本章專對我國憲法所明定的國會三讀、總統公布之法律而言，至其他廣義法規範，如行政規章、條約及不成文的習慣法、判例、解釋例等，不在此述。

一、提案

　　法律的草案提出，並不限於國會本身，蓋因行政部門實際負責各項施政，多有必須取得法律授權的依據，同時因專職業務而瞭解深入，最適於提出周詳之法案，惟基於民主政治，自不可擅斷而應交由人民代表的國會審議決行。法案在客體、名稱、條文形式上，我國中央法規標準法立於「組織法」地位，有綱要性的原則提示。

(一)法定事項

1.憲法或法律有明文規定，應以法律規定者

　　如憲法第162條規定：「全國公私立之教育文化機關，依法律受國家之監督。」立法院乃訂定有私校法、師資法、大學法等規範。又如消費者保護法第3條第2項規定：「……政府為達成前項之目的，應制定相關法律。」用於確保商品品質、安全衛生，及使其標示、廣告、度量衡、價格、消費者諮詢、處理

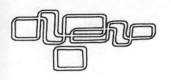

消費爭議等，得以落實。

2.關於人民之權利義務者

　　人民的權利，不應受非法侵犯，人民的義務應依法履行，關於人民權利義務事項實有賴法律規定。如人民有依法律服兵役的義務，政府必須按兵役法規定始得徵兵；其他諸如參政權、結社權、人身安全、財產維護、著作權及各類自由權，均應得到法律合理明確的保障。

3.關於國家機關之組織者

　　立法機關透過法律規定政府機關制度、職權歸屬與員額編制等，避免政府利用職責擴大編制，侵害人民。憲法增修條文第3條明定：「國家機關之職權、設立程序及總員額，得以法律為準則性之規定」，即秉乎此理。

4.其他重要事項應以法律定之者

　　立法院有議決法律案及其他重要事項之權，因此本乎職責自應隨時依國家發展及社會需要，訂定必要的法律，這亦可說是國會立法的核心功能保留權。如其考量我國家庭暴力層出不窮，而主動訂定「家庭暴力防治法」；或如因應突發事件，可有如集集大地震的災後「九二一重建條例」；甚至是措施性法律，如石門水庫興建、核能電廠興建，而對具體個案制定個別性法律（參見大法官釋字第520解釋理由書）。

(二)法律名稱

1.法

　　應以法律規定事項，具有一般性、基本性或普通性者，可定名為法。如規範一般人民生活關係的民法、規範一般人民犯罪處罰的刑法，似此以法為名可說是我國使用最廣泛者。

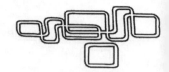

2.律

　　正刑定罪內容，屬於軍事性質者，可定名爲律。現行法中原有「戰時軍律」以律爲名。（我國另公布有「陸海空軍刑法」，有關擅離職守、抗命、逃亡及各種軍人罪行均加規範，戰時軍律允宜廢止。）

3.條例

　　就原則規定事項爲特別規定、暫時規定或補充規定，可定名爲條例。如就公務員貪污事項特別制定的「公務員貪污治罪條例」、補充正副總統選舉之「總統副總統就職宣誓條例」、訂有一定時期申請或作爲之「二二八受難家屬補償條例」、「九二一重建條例」等。

4.通則

　　共通適用的原則，據此可分別制定各個法規者，惟此命名在我國誠爲少見。如農田水利會組織通則（或如「海關稅則」）。

(三)條文形式

　　法規條文應分條直行書寫，冠以「第某條」字樣，並得依次分爲項、款、目。法規內容繁複或條文較多者，得劃分爲第某編、第某章、第某節、第某款、第某目。

(四)提案者

　　法律提案應以書面提出，並附有立法理由與條文說明，下列爲我國有權提案者：

　　(1)憲法明定行政院及考試院有向立法院提法律案之權，監

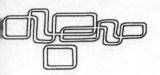

察院及司法院分別依大法官解釋第3號及175號,亦有提案權。此四院之提案,稱為政府案,行政院的各部會法案應經行政院會議議決通過,其他三院僅就其職權範圍有其提案權,不得侵越他院所轄事務。

(2)立法委員三十人的連署,以及立法院內政黨黨團,均可向該院提出法律案,前者為委員案,後者為黨團案。

二、審議

(一)審查

各國國會多設有委員會,分別就一國事務劃分專責領域,使提升立法素質和議事效率等問政品質。我國立法院目前設有十二個常設委員會(註1),法案提出後須經有關委員會的審查:

(1)應作成審查報告,由該委員會的召集委員報告立法院會議討論。

(2)委員會開會,得邀請相關政府人員及社會人士到場列席備詢,以闡明法案精義及說明事實等。

(3)所議事項,如與他委員會密切相關者,院會或委員會召集委員報請院會,召開聯席會議。

註1:立法院現設十二個委員會,每一委員於任一會期得選擇參加一委員會,每一委員會有其人數限制,並設有召集委員,委員會多係對應行政院組織而來,未來行政組織法大幅調整,立院之委員會必將隨之更動,此十二個現行常設委員會是:內政及民族、外交及僑務、國防、經濟及能源、財政、預算及決算、教育及文化、交通、司法、科技及資訊、衛生環境及社會福利、法制委員會。

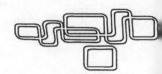

(二)討論

所謂討論，即是進行讀會程序，讀會程序如下：

(1)第一讀會大抵是將議案朗讀後，即交付有關委員會審查，或議決逕付二讀，或不予審議。

(2)第二讀會應將議案朗讀，依次逐條提付討論，議案在二讀時，得就審查意見或原案要旨先作廣泛討論，之後如有出席委員提議，三十人連署或附議，經表決通過，得重付審查或撤銷之。二讀會是院會中政黨攻防的重點，有關彼此爭議項目，在此時票決定案。

(3)第三讀會，除發現議案內容有互相牴觸，或與憲法或其他法律相牴觸外，只得為文字的修正，因之第三讀會應將議案以全案通過方式提付表決。三讀會不能更動實質內容，如市議員應選山胞名額三人的「三人」規定，乃影響實際權益，不得提議改為四人、二人或其他數額，但可因文字用詞不雅，在三讀時將山胞改為「原住民」；或如以「社會安寧維護法」，不如「社會秩序維護法」的「秩序」較符合法學慣語，而於三讀時加以正名。

(三)決議

法律案的決議，以出席委員過半數的同意行之，可否同數時，取決於主席。法律案既經立法院決議通過後，制定法律的程序即告完成，此即所謂「立法程序」。(註2)

註2：法律案於立法院決議而尚未公布前，得由立法委員依「立法院議事規則」提案，要求對先前表決之議案再議，此謂「復議」，有別於行政部門對法

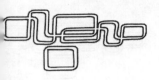

三、公布施行

(一)公布

　　立法院通過的法律應移送總統及行政院，總統於收到後十日內公布，其方式兼採公報公布及揭示法（登載政府公報及揭示公共場所）。總統公布法律須經行政院院長副署，或行政院院長及有關部會首長副署，始具備公布法律之要件。為落實責任政治，使行政院負起執行政策責任，而對法律能夠預先明瞭及評估可行性，此際政院確認有窒礙難行，得依法於十日內呈請總統核可，向立法院提出「覆議」，立院如經二分之一以上立委維持原決議，行政院便仍須接受該法案。

(二)施行

1.同時施行主義

　　法規公布施行後，全國各地於同一時間施行，其情況分為：

案（法律案、預算案、條約案）不接受時，經總統核可移請重表決之「覆議」。前者由立院自行發動；後者係由行政院發動，目的在於「覆滅」立院的原決議。

復議之行使程序如下：

1. 原決議表決時之出席委員，未曾發言反對原決議，於原決議通過後，因具有與原決議相反的理由，於下次院會散會前，提出復議的動議。
2. 須獲得四十人以上之連署。
3. 復議案提出後，由主席徵得出席委員的同意，決定討論時間。
4. 進行廣泛討論後，對該復議進行表決，若經出席委員二分之一支持該復議，原決議被推翻。

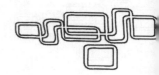

(1)法律自公布日施行者：中標法第13條：「法規明定自公布或發布日施行者，自公布或發布之日起算至第三日起發生效力」，而依大法官釋字第161號解釋：「法規生效日期之起算，應將法規公布或發布之當日算入」。如公布日為89年9月1日，則依此的法律生效日是9月3日。

(2)法律另定施行日期，或以命令另定施行日期者：中標法第14條：「法規特定有施行日期，或以命令特定施行日期者，自該特定日起發生效力」。如國家賠償法明定：「本法自中華民國70年7月1日施行」，則國家賠償法雖於民國69年7月2日由總統公布，但自70年7月1日才正式生效，或如88年公布之「行政程序法」，延至90年生效，似此方式的用意，在於提供政府與人民的準備和瞭解期，避免太大衝擊。

2.異時施行主義

法律定有特定施行區域或授權以命令規定施行區域，由主管機關以命令決定施行期間。如依戒嚴法的頒布戒嚴，各地因接戰時間不同而致異時施行。

法律之創立過程，含括立法、公布、施行等，概如圖5-1所示。

第二節　法律之修正

一、修正原因

法律經制定公布施行後，因政策的變更，或環境的改變、

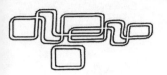

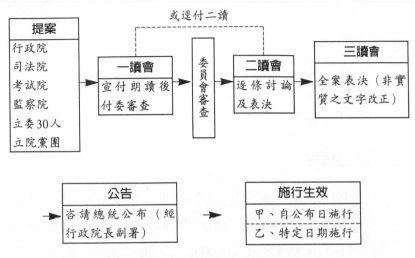

或逕付二讀

提案
行政院
司法院
考試院
監察院
立委30人
立院黨團

一讀會
宣付朗讀後
付委審查

委員會審查

二讀會
逐條討論
及表決

三讀會
全案表決（非實
質之文字改正）

公告
咨請總統公布（經
行政院長副署）

施行生效
甲、自公布日施行
乙、特定日期施行

圖5-1　法律創立過程圖

事實的需要，以及本身法律之內容欠完備，適用上有窒礙難行時，得將法律予以修改，以求其完善。依中央法規標準法的規定，法規遇有下列情形之一者，得修正之：

(1)基於政策或事實之需要，有增減內容之必要者。如民法原對重婚者規定「得撤銷」，但此際如未經提起撤銷，必違反一夫一妻的家庭制度，乃於民國74年增訂有「無效」的規定；又如震驚全國的白曉燕撕票案，犯人係假釋出獄者，立法院在輿情壓力下，乃修改刑法的假釋規定，將原本寬鬆的假釋條件：「服刑三分之一」，改爲二分之一的標準（刑§77）。

(2)因有關法規之修正或廢止而應配合修正者。此爲母法影響子法的情形，如近年修憲頻繁，即造成許多法規須配合修正。

(3)規定之主管機關或執行機關已裁併或變更者。如民國69

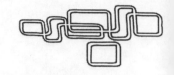

年我國始推行審檢分隸（法院、檢察署分別隸屬司法院、行政院），司法行政部組織法修改爲「法務部組織法」。

(4)同一事項規定於二以上之法規，無分別存在之必要者。此乃立法疏忽，自應允同改正。

二、修正程序

法律的修正程序與其制定程序相同，仍由國會立院三讀通過，送請元首公布。有權提出法律案的五院，亦即有權提出該法案的修正案。法律修正均無時期和次數的禁止，視前述原因之所需而動，惟於維持社會秩序的法安定性上，宜考量周詳而愼重，避免因一時現象的即興修改（類如我國在民國八〇年代，國民大會六次修憲，造成體制錯亂、法理不一現象，可爲殷鑑）。

三、法律修正後之適用

法律修正後，依「新法優於舊法」的效力，本應適用修正後之新法，惟有下述例外情形（參見第六章法律之效力）：

(一)「特別法優於普通法」之原則不受影響

依中標法第16條規定：「法規對其他法規（舊普通法）所規定之同一事項而爲特別之規定者，應優先適用之。其他法規修正後（新普通法），仍優先適用。」如刑法就強姦、性侵害等近年來多有內容及稱謂的修正，但遇有犯人未滿十八歲的性侵害行爲，仍應依「少年事件處理法」的規定（基本上應犯最輕本刑五年以上方有刑事訴追）來處置。

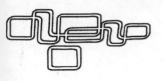

(二)刑罰及人民申請案之「從輕」（有利）原則

(1)刑法第2條第1項：「行為後法律有變更者，適用裁判時之法律，但裁判前之法律有利於行為人者，適用最有利於行為人之法律」，此即刑法上「從新從輕主義」之情況。

(2)中標法第18條規定：「各機關受理人民聲請許可案件適用法規時，除依其性質應適用行為時之法規外，如在處理程序終結前，據以准許之法規有變更者，適用新法規。但舊法規有利於當事人而新法規未廢除或禁止所聲請之事項者，適用舊法規。」此中但書，對於人民聲請許可較有利的舊規定，亦採「從輕原則」之適用。

第三節　法律之廢止

一、廢止原因

(一)內因廢止

因法律本身的內在原因發生，法規被廢止。其情況為：

1.定期廢止

法律本文訂定有施行期限者，期滿當然廢止，此即「附期限立法」。如民國36年12月施行「房屋租賃條例」之規定：「本法自公布施行，有效期間為三年。」再如我國的精省作業，依「臺灣省政府功能業務與組織調整暫行條例」規定：「本條例自中華民國87年12月施行至89年12月31日止。」

 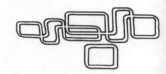

2.定因廢止

　　有廢止之法定原因發生時，提案經立法院通過，總統公布後，明令其廢止。此爲中標法第21條所示的四種情況：

(1)機關裁併，有關法規無保留之必要者。如社會部裁撤，該「社會部組織法」亦歸廢止；省改爲非自治單位，有關原省政府、省議會組織法及行爲規則一併廢止。

(2)法律規定之事項已執行完畢，或因情勢變遷，無繼續施行之必要者。如石門水庫興建完成，該「石門水庫興建委員會條例」的廢止；集集大地震的災區安置與整建完工，「九二一重建條例」自因任務結束而廢止。

(3)法規因有關法規之廢止或修正致失其依據，而無單獨施行之必要者。此爲母法廢止，其子法（常見者爲其施行法）失去依據的廢止。

(4)同一事項已定有新法規，並公布或發布施行者。如「社會秩序維護法」的取代「違警罰法」。

(二)外因廢止

　　非因法律本身的原因，而由立法機關的意思表示予以廢止。如民初的「危害民國緊急治罪法」公布時，明文規定本法施行，同時廢止「反革命治罪法」。

二、廢止程序

(一)明示廢止

(1)法律之廢止，應經立法院院會通過，但無須三讀程序，

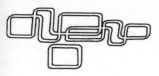

並送請總統公布。此際只需公布其名稱及施行日期,而無須公布廢止之條文。

(2)被廢止之法律原則上自公布或發布之日後第三日起失效。但若屬「附期限立法」,則該法所定之時間為其失效之日,如上述「臺灣省政府功能業務與組織調整暫行條例」之規定情形。(註3)

(二)默示廢止

(1)舊法所規定之事項已制定新法,在兩者處於同一順位而無普通法特別法的對應情形,依「新法改廢舊法」之原則,舊法無須明令廢止即失效力。

(2)法律所規定之事項或其施行區域已完全消滅,該法律失其存在之理由,則當然廢止。如英國統治印度的法律,在印度獨立後,自當失效。

三、延長期限

(1)法律定有施行期限者,主管機關認為有延長的需要,應於期限屆滿一個月以前送交立法院審議;若該法於立法院休會期內屆滿者,應於立法院休會一月前送立法院。

(2)法律明定得由命令延長其施行期限者,可不經立法院審議,逕以命令延長。如懲治盜匪條例原規定:「本條例施行期間定為一年,必要時得以命令延長之」,自民國33

註3:人民在法律廢止前所享權利和所盡義務方面,就既得權益言,自仍受法律的保障,而應儘量避免侵犯改變;就廢止前所依法履行的義務,人民不得要求有關政府機構補償所受的損失。此項法理在法律的修正上,亦應受到一定的重視。

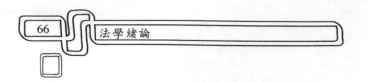
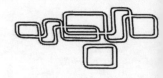

年起，在廢止前，乃經總統多次以命令的方式予以延長。

第六章
法律之效力

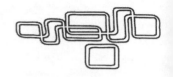

　　法律效力，意指法律在施行時所發生的效果，吾人以為欲將法律有效的推行和正確的適用，宜分別從法之內部邏輯和外在社會適用觀察。法之內在實踐，係指就形式上觀法之效力，包含：(1)妥當性：法律本身的文義明確、條文結構合理、內容合乎規範之目的等；(2)有效性：依據法定程序制定，成為形式上具拘束力的法規。法之外在實踐，乃指就實質上是否發揮社會生活適用的效果，包含：(1)實定性：具有推動和執行的實定力量，如嚴正的法官、檢察官、司法警察和優秀律師等；(2)實效性：發揮切合國民生活的作用，就其不當或不符社會所需者檢討修正。

　　法律的實踐，如能兼顧規範面和事實面，即使法文本身妥當和程序有效，並從外部作用落實司法機能和檢討改進，必能發揮最佳的實踐效力。本章擬分別就法律之時、地、人、事等效力進一步闡述，惟領土與人民均不外乎主權下的國家構成，二者牽連甚密而不宜切割，乃合併立論之。

第一節　關於時之效力

　　法律在時效上，如前章所述，因公布施行而產生效力，依我國規制可分為明定特定日期生效者，從其日期；未另訂生效期日，則自公布日後第三天生效者兩種情形。至於法律的喪失效力，當自廢止之時，亦可分為法規定有施行期限，期限屆至即當然失效者；以及經立院決議廢止，送總統公布的公布後第三天起失效者。惟尚有因暫停適用而中止效力的情形，此即中標法第19條所示：「法規因國家遭遇非常事故，一時不能適用者，得暫停適用其一部或全部」，一旦中止情況結束，效力自可

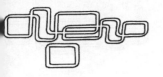

加以恢復。

　　法律在時間之效力方面，乃有以下兩項基本理則：

一、法律不溯及既往

　　法律不溯及已往事務，是指法律只能適用於施行後才發生的事項，而不能追溯法律施行前的往事。這項法理乃是基於保障既得權，避免因新法的公布而剝奪人民原享有的權益，如在「槍砲彈藥刀械管制條例」公布前持有武士刀者，不得因該法的施行，剝奪其原屬「無罪」的利益而加以科罰。如此法律的頒訂才不會引起社會秩序的混亂，造成人民不信任法律，使生活無所適從。

(一)法律適用及法理解釋之原則

　　法律不溯及既往原則，自羅馬時期以來，一直為各國重要的「信賴保護」法理，我國實際亦多遵守，如：

　　(1)刑法第1條：「行為之處罰，以行為時之法律有明文規定者為限。」因此，行為時不屬於犯罪，日後法律修正將該行為納入犯罪時，不得處罰昔日的行為。
　　(2)民法總則施行法第1條：「民事在民法總則施行前發生者，除本施行法有特別規定外，不適用民法總則之規定。」

(二)立法機關之立法不受拘束

　　司法機關之運用法律，固受前述法理的拘束，但立法機關有時基於國家政策推行，或使人民獲益更大之考量，有回溯既

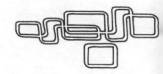

往之必要時，得於法律明定回溯之效力：

1.基於保障人民利益

如民法總則施行法第3條對於失蹤之規定，「於民法總則施行前失蹤者，亦適用之」。如此對於我國民法在民國早年制定，時處兵荒馬亂，人民確有必要藉此一失蹤而為死亡宣告的釐清權利關係；又如民法債編施行法、親屬編施行法也都有溯及既往之規定。此外諸如「戒嚴時期不當審判補償條例」、「二二八事件受難家屬補償條例」，更是針對已往事情，而成為全法的回溯立法方式。

2.基於推行社會政策之立法

如團體協約法第30條規定：「團體協約於本法施行前訂立者，自本法施行之日起適用本法。」故團體協約於該法施行前已訂定完成者，仍應受該法溯及既往之規範。

二、後法（新法）優於前法（舊法）

後法優於前法，係指後來的新法優於以前的舊法。蓋就同一事項，如有二種居於同一順位而規定不同的法律存在，對於國家意思的統一，殊有妨礙。此時欲選擇其中的一種，宜以該二種法律公布施行期間的先後為標準，因為公布施行期間在後者，為國家以後所決定的意思，乃在推翻以前所作的決定，故應適用後之新法，而不適用先出的舊法。如此方能統一國家立法意思，滿足社會發展的需要。

(一)本質為後法廢棄前法

所謂後法與前法，並非二法並存的問題，而是後法已公布施行，前法即予廢止，或前法當然失效問題。自法律的適用上

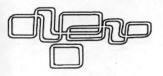

而言，同一事項的前後二法，不能並行不悖，故後法既已公布施行，則前法已失其效力，而無適用的餘地。

(二)從輕原則及不同順位之例外

1.法律有時採從輕原則

　　舊法規定對當事人較有利者，則前此之舊法仍有優先適用的效力。如我國對於犯罪行為時的法律規定，在法官判決時已有變更，此時究應以前法規（行為時）或後法規（裁判時）來論斷，刑法第2條但書：「但裁判前之法律有利於行為人者，適用最有利於行為人之法律。」可見裁判前之舊法雖已失效廢棄，但在有利於犯罪人時，仍有優於新法而得適用。

2.特別法恆優於普通法

　　後出之新法較舊法固有優先適用的效力，惟新法為普通法，舊法為特別法，而新普通法中如無排除或廢止舊特別法之明文規定時，則仍適用舊特別法而不適用新普通法，是為「新普通法不能變更舊特別法」之原則。此項對於「新法優於舊法」原則之例外，乃因二法居於不同的順位，因二者位階不同，本即高位階的特別法優先於普通法，而不生競擇的衝突問題。（註1）

第二節　關於地與人之效力

　　就國家主權所構成不外為一法治體言，本國法自然應適用於本國領域和本國人民，惟二者的結合，另生有外國人在本國

註1：「法律不溯既往」原則，是原本無法，行為後才有立法，此法對該行為不能適用；「後法優於前法」原則，是原本即有法，行為後法卻變更，僅是法律變更的選用何者問題。

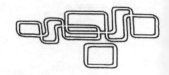

境內、本國人在外國國域內等複雜現象，此際究宜如何決定法之拘束作用，本節先說明本國領域的內涵，再就基於「人」的法律效力方面分析之。

一、領域界說

　　領域範圍向為國際法的爭論重點，原則上一國領域內的人民，無論本國人或外國人，均應適用本國法律管轄；國家之領土主要包括陸、海、空三部分，而為一般法律所適用的範圍：

(一)領陸

　　即國家主權所及疆域的陸地部分，尚包括河川、湖泊（內海）、港口。

(二)領海

　　即國家領陸沿海向外伸張（依春季退潮的平均線向外延伸），得行使國家主權之海面。我國領海為十二海里，經濟海域為二百海里，同時岸邊潛入海底之大陸礁層，亦屬主權所及者。

(三)領空

　　即以國家領陸領海之界限，向天空垂直延伸上去者，但不包括大氣層外的太空

(四)其他

　　基於國際慣例，以下刑事案件亦有本國法適用之情形：

　　(1)浮動領土：此指中華民國船艦或航空機等。如刑法第3

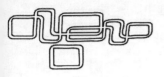

條明定：「本（刑）法於中華民國領域內犯罪者，適用
之。在中華民國領域外之中華民國船艦或航空機內犯罪
者，以在中華民國領域內犯罪論。」

(2)中華民國駐外使館、領事館。此乃依國際法而具有治外
法權者（外交上刑事豁免權）。

(3)中華民國軍隊占領地、託管地（及租界地等）。如我國陸
海空軍刑法原來第4條規定：「陸海空軍軍人，在中華
民國軍隊占領地域內，犯刑法或其他法令之罪者，以在
中華民國內犯罪論。其在中華民國軍隊占領地域內之本
國人民，與從軍之外國人及俘虜犯罪者，亦同。」（現雖
條文修正而擴及現役軍人刑事適用地域，不限於占領
地，但僅是本論點的放寬，本質上以占領地等為主權所
及的法律管轄所在，仍有其適用。）（註2）

二、關於人之效力

　　法律管轄對象之立法例，學理上可概分為三類型，但實際
各國無不採取第三者，茲加扼要介紹：

註2：就地之效力言，一國之內施行區域的差異如何，實較居於學理上分析的
　　價值，在我國依「中標法」之規定：「法規定有施行區域或授權以命令
　　規定施行區域者，於該特定區域內發生效力。」使法律僅及於國內特定
　　地區，其情況又有以下幾種：
　　1.將全國劃分為數個法域，施行於某法域之法不能於它地區適用。如
　　　「精省」前所定之直轄市自治法，僅適用於北、高市自治區域內，不能
　　　普及於臺灣省、金、馬外島地區。
　　2.基於特殊需要而單獨制定之法規，僅適用於該地區者。如以往之臺灣
　　　省菸酒專賣暫行條例，並不適用金、馬地區等地。
　　3.法律授權以命令先於特定地區施行者。如「實施耕者有其田條例」第
　　　33條規定：「本條例之施行區域由行政院以命令定之」，而行政院將該
　　　法限定於臺灣省施行，直至廢止時，並未適用於外島地區。

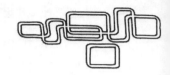

(1)屬人主義：法律僅對「本國人民」適用，而不適用於外國人民。亦即只要是本國國民，無論其在國內或國外，均適用本國法律。

(2)屬地主義：法律適用於「本國領土」範圍內所有對象。亦即只要在本國疆域內，不問其為本國人或外國人，均適用本國法律。

(3)折衷主義：併用上述兩種主義。亦即以屬地主義為主，屬人主義為輔者。

我國法律對人之效力，亦採「折衷主義」的制度，可概要說明如下：（註3）

(一)基於屬地主義原則

基於屬地主義原則，凡我國領土內之中國人或外國人本應適用我國法律，但某些特定人有排除中國法律適用之例外情形：

1.我國人方面

(1)國家元首：憲法規定：「總統除犯內亂或外患罪外，非經罷免或解職，不受刑事上之訴究」。

註3：另外尚有採保護主義、世界主義之情況。蓋非中國人在非中國國土內，原本無須適用中國法律，但基於國家利益與世界安全，此際就「外國人特定犯罪」，我國法律仍加以管轄：

1.外國人於中國領域外從事侵害中國生存、公務、信用、財政等重要法益之行為，或侵犯我國人民法益情節重大者，中國法律皆予以制裁，此係對本國所特殊採之「保護性」刑法：

(1)凡在中華民國領域外犯內亂罪、外患罪、偽造貨幣罪、偽造有價證券罪、偽造文書印文罪、鴉片罪、妨害自由及海盜罪者。

(2)於中華民國領域外對中國人犯最輕本刑三年以上有期徒刑之犯罪行為者。

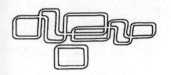

(2)民意代表：立法委員與地方議員擁有「言論免責」
（privilege of speech）與「不受逮捕」（privilege from
arrest）兩項保障。言論免責是爲議事思辯與溝通過程所
不可缺少，惟地方民代之言論免責，限於會議時與議題
相關，是一種「相對性」免責權；而民代不受逮捕拘禁
則均限於會議期間，如立委每一年常會是2-5月、9-12
月，則仍有四個月的空窗期。

(3)不具資格而排除者：未滿七歲之未成年人及禁治產人，
在民法爲「無行爲能力人」，其法律行爲不生效力（故有
法定代理人）；未滿十四歲及心神喪失之人，在刑法
上，爲「無責任能力人」，其行爲不罰（但已十二歲則得
依少年事件處理法施以輔育、戒毒、勞動等少年保護處
分措施）。其他基於對特殊身分或職業所制定之特別法，
即「限人法」者，不具備該項身分或職業者，不受拘
束，如一般人民不適用軍事審判法。

2.外國人方面

(1)國際公法享有「治外法權」之外國人：如外國元首及其
家屬、隨從，外交使節及其家屬、隨從，外國領事，聯
合國人員，經停泊國允許其屯駐於本國領域內的外國軍
隊等，不受該所在國之法律支配。

(2)與我國國民發生涉外民事案件之外國人：對於外國人身
分、能力、親屬、繼承等資格之確認，所應適用的準據

2.世界主義：鴉片罪、妨害自由罪及海盜罪皆被世界各國視爲萬國公
罪，不論何國皆得處罰。

法，適用該外國人的國家法律，如德國人依其國家以十八歲爲成年，有完全行爲能力，此際與我國民之契約行爲自應有效，而不依我國民法二十歲爲成年標準。

(二)基於屬人主義原則

基於屬地主義，僑居國外之中國人本應適用該地國法律，但我國部分法律採取「屬人主義」而加以規範之：（註4）

1.憲法之權利義務

如國民納稅、服兵役的義務，並不因其居留外國而免除。

2.刑法所規定的特定義務

(1)我國人民在領域外，對我國（人）犯內亂、外患、僞造貨幣、僞造有價證券、僞造文書印文、鴉片、妨害自由及海盜罪，或「犯最輕本刑爲三年以上有期徒刑，且犯罪地之法律視爲違法者」，仍受我國刑法管轄。

(2)中華民國公務員在我國領域外，對我國觸犯瀆職罪、脫逃罪、僞造文書罪、侵占罪者，尚特別係屬我國刑法所強調適用客體。

第三節　關於事之效力

法律的制定，各有其立法目的，故就事之效力言，未規定者，本應不生法之拘束作用。此際適用刑法的行爲，若因刑法

註4：本國人於外國犯罪時，本國法律之刑罰權如何行使，大致採用下列兩種方式：(1)依兩國間引渡條約之規定，請求引渡；或是(2)採取外交手段協商，爭取對方予以協助。

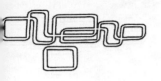

條文構成要件的遺漏，導致行爲不全然符合條文內容者，依罪刑法定主義原則，便應視該行爲合法，而爲不起訴（檢察官）或無罪判決（法官）；惟若適用民法之案件則可比附援引、類推適用，而以習慣補充，若無習慣，亦得引用誠信原則等法理，並不以法律明文規定爲限。

法律在事之方面效力，乃有以下兩項基本適用理則：

一、一事不再理原則

一事不再理原則者，指對於在同一法律關係下已裁判確定的同一事件，因已生實質「既判力」作用，同一當事人不得再請求審理，機關亦不得再受理。一事不再理原則的目的，在維護法律的安定性、裁判的統一性，並避免濫訴而維護訴訟經濟原則。然而若係對於尙未終結的判決，當事人自仍可以上訴審程序救濟，或當有新證據發現、或者審判有違背法令時，亦允許當事人以再審（民刑訴）與非常上訴（僅刑訴適用）救濟，此無礙一事不再理原則。

(一)再審

「再審」適用於民事及刑事的訴訟上，乃由於發見確實的新證據，或原證據係經僞造變造等法定原因，而可對於已確定的判決聲明不服的訴訟程序。聲請再審應以再審書狀，敘述理由，附具原判決之繕本及證據，提出於管轄法院。

(二)非常上訴

「非常上訴」乃最高法院檢察總長於判決確定後，發覺該案件審判有違背法令之情事（如無犯罪確定證據、自白刑求等），

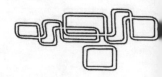

得請求最高法院撤銷判決的訴訟程序。有名的蘇建和一案，即在多次非常上訴後而出現無罪之平反。

二、一事（罪）不二罰原則

一事不二罰原則者，指對同一違法行為，不得處以二種以上性質相同或刑名相同的刑罰，以避免刑罰重複，而侵害人民權益。但處以不同刑名之罰則，或原處罰係經外國判決而依本國法另處斷者，自無違一事不再罰原則：

(1)二種不同刑名或不同性質的罰則，無一事不二罰原則的適用。如開車時因闖紅燈撞死人，構成過失致死罪的刑事責任，同時應承擔交通規則的行政罰責任，與侵權行為的民事賠償責任。（註5）

(2)同一行為經外國確定裁判，仍得依本國法處斷，此為主權國家當然之理。如我國人在國外犯罪，雖經外國裁判執行，返國後仍得依本國法處斷，惟在外國已受刑的全部或一部執行者，得免其刑的全部或一部執行。

註5：同一行政法上的違法行為，往往同時牴觸數個行政法規，造成行政犯「法規競合」。實務上將行政犯違反數個行政法律的行為，視為數個「行政法益」受侵害，為維護各法規的立法目的，仍准允分別處罰，如遊樂場使用真槍射擊，可分依行政法規之「槍砲彈藥刀械管制條例」及「社會秩序維護法」，加以沒收和勒令歇業。

第七章
法律之解釋與適用

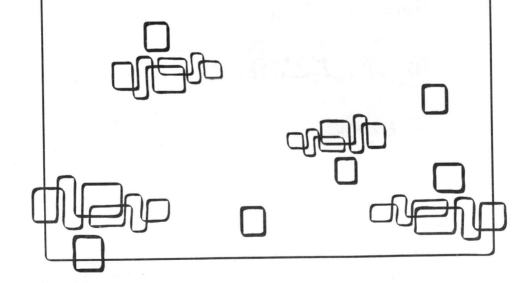

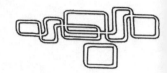

　　法律之適用，可以理則學上之「法規大前提、事實認定小前提、及結合二者所作判決之結論」，此項三段論證加以析解，其中包括：(1)探求法條涵義使能發揮正確適用的「解釋」（interpretation）；及(2)判斷該具體事實關係是否吻合法條規定概念的「涵攝」（subsumption）。由此可知解釋乃法律適用的一項先決條件，然而面對日新月異的社會變遷，法律規定難免有不及預見未來可能者，且法條用字亦不免偶有模糊隱澀之處，此際即有必要運用妥切的「解釋方法」，使國家所立之法得期踐行。

　　法律解釋學不無受到中古世紀聖經解釋之影響，並擷取了近代史萊瑪赫（Schleiermacher）、狄爾泰（Dilthey）等詮釋學（Hermenutik）（註1）的內涵，惟確立了文理、論理、歷史及體系等法學解釋方法者，乃德之歷史法學派大師薩維尼（Savigny），而這些法釋義方法，在今日已普遍為各國採行。

第一節　法之解釋

一、解釋機關

　　法律解釋的客體，自然是以得適用的法規範為對象，尤其是成文法本身條文的疑義，甚或法律彼此間關聯而發生牴觸

註1：史萊瑪赫以為陌生經驗和誤解是普遍現象，因有「普遍詮釋學」之主張，希望在知識論上建立詮釋之客觀性；他的理解概念有：(1)文法（語言系統之結構規則）的理解；(2)心理（個體性）的理解；(3)詮釋循環；(4)比作者更理解他自己。狄爾泰、迦達默等人，更將詮釋學帶上方法論的基礎學，從而使與現象學、批判理論多所聯繫。

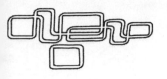

者，均有待解釋以確定涵義。至於解釋之主體者爲何？則常見
具解釋權限，而能發揮解釋之實質拘束作用的機關，乃爲執行
法律的「行政」機關、仲裁法律適用爭執的「司法」機關。至
於制定法律的「立法」機關，則本乎憲政權力分立原理，在法
律適用之際，本不宜再行介入，以免造成權力之逾越而成專
制，惟法律涵義多攸關立法之目的，立法機關如事前明釋於條
文中，使國民和適用機關減少誤解的可能而得有效遵循，自屬
合乎情理。

(一)行政解釋

1.行政解釋僅以行政法令爲限

　　或以法規授權制定命令之頒布，來作成事前解釋，如行政
程序法規定行政部門應訂定「公聽會辦理細則」，著作權法規定
主管機關就音樂著作訂定「強制授權申請許可及使用報酬辦法」
等，均使行政機關得自行爲有關「執行細節」、「注意事項」等
作出解釋；另或常見有行政系統就現實適用爭議、下級請示
等，作出明確解釋。但行政機關適用立法、司法、考試及監察
各法規所發生的疑義，雖亦得主張其見解，惟此種見解，如與
立法、司法、考試及監察主管機關就適用同一法令所持見解互
有歧異時，只能依法由上級機關層轉，聲請司法院爲統一解
釋。

2.下級機關應受上級機關的解釋拘束

　　即下級機關不得超越上級機關而爲解釋，同時本於行政系
統上指揮監督權的行使，下級機關所爲的解釋，上級機關亦得
變更或撤銷之。由於只在同一系統之間發生拘束作用，故行政
機關之解釋未見有普遍對世效力。

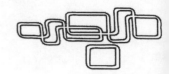

(二)司法解釋

1.審判解釋

指法院對訴訟案件適用法律，就其法律適用見解上，予以闡明所形成的判例。經最高法院選編之判例，在我國司法實務具有法律與事實上的拘束力。

2.憲法解釋

下列機關或主體得敘明理由向司法院之大法官會議提出聲請釋憲：

(1)中央或地方機關，於行使職權，適用憲法發生疑義，或因行使職權而與其他機關發生適用憲法之爭議，或適用法律與命令發生有牴觸憲法之疑義者。

(2)人民、法人或政黨於其憲法上所保障之權利，遭受不法侵害，經依法定程序提起訴訟，對於確定終局判決所適用之法律或命令有牴觸憲法之疑義者。

(3)立法委員總額三分之一以上之聲請，就其行使職權，適用憲法發生疑義，或適用法律發生有牴觸憲法之疑義者。

(4)依大法官會議釋字第371號解釋：各級法院法官就其受理案件，對其適用之法律，確信有牴觸憲法之疑義，得以裁定停止訴訟程序，提出確信法律違憲之理由，聲請大法官解釋。（註2）

註2：我國釋憲制度之特色：

　　1.司法院為唯一的釋憲機關，任何有牴觸憲法疑義之法律，在未經大法官會議解釋違憲前，任何機關不得拒絕適用。

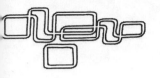
3.統一法令解釋

　　各級法院法官，就其所適用之法令，自本乎其法學認識而爲理解和判斷，但有關法規內容的「外延」違憲或「內含」合憲與否，在我國屬大法官專有權限。同時一般法令如有歧義而須統一解釋者，亦非如判例由法院最高層級決定，而歸大法官會議受理聲請解釋，其要件和聲請人如下：

(1)中央或地方機關就其職權上適用法令所持見解，與本機關或他機關適用同一法令時所已表示之見解有異者，得聲請統一解釋。但該機關依法應受本機關見解之拘束或得變更其見解者，不在此限。

(2)人民、法人或政黨於其權利遭受不法侵害，認確定終局裁判適用法律或命令所表示之見解，與其他審判機關之確定終局裁判，適用同一法律或命令時所已表示之見解有異者。但得依法定程序聲明不服，或後裁判已變更前裁判之見解者，不在此限。

(三)立法解釋

　　我國立法院於議決制定之法律，事前可將必要的說明條文化，其方式約有下列三種：

2.司法院解釋憲法以大法官會議的合議制型態，須三分之二之出席，出席中三分之二通過決議解釋文，與一般法庭的言辭辯論型態不同。

3.大法官會議係獨立機關，近乎奧、德之憲法法院，可謂「集中制」，同時釋憲效果係主要採以無效撤銷的作用；此有別於美（日）之各級法官均可釋憲之「分散制」，以及釋憲效果是「拒絕適用」，但如經聯邦最高法院（最高裁判所）解釋違憲之法令，因有判例拘束下級司法機關的作用，實亦等同該法失效之對世作用。

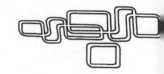

1.將解釋性條文，直接置於法律之中

如民法、刑法第一章，均特設有法例章，就該法適用廣泛而基本的共同事項加以明確概念界定。其不設法例專章者，則於條文散見之，例如民法第66條規定：「稱不動產者，謂土地及其定著物。不動產之出產物尚未分離者，為該不動產之部分」，用以說明不動產的意義；民法第69條規定：「稱法定孳息者，謂利息、租金及其他因法律關係所得之利益」，以明確法定孳息的意義，乃與動、植物產物之天然孳息概念不同；又如刑法第13條界定責任要件的「故意」涵義，直接故意是：「對犯罪事實明知並有意使其發生」，間接故意是：「預見其發生而其發生並不違背其本意者」。

2.在施行法或其他法律條文中，為解釋法律意義的規定

如民法總則施行法第10條，規定民法上法人登記的主管官署，「為該法人事務所所在地之法院」，以明定法人的登記官署。又例如民法物權編施行法第14條：「民法物權編關於質權之規定，於當舖或其他以受質為營業者，不適用之」，以確定質權之適用範圍，當舖業因其特殊營業性質，仍得另訂規範適用。

3.在條文中訂定示例，以闡明其意涵

例如憲法第7條：「中華民國人民，無分男女、宗教、種族、階級、黨派，在法律上一律平等」，意在以「男女」、「宗教」、「種族」、「階級」、「黨派」五個標準，揭示其實例，推論之，其他如籍貫、教育等，自亦不允使人民在法律上有所不平等。此外如立法理由書，或其他立法機關解釋文書，都屬立法的解釋，而具相當的拘束作用。

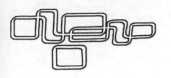

二、解釋方法

上述乃就解釋主體或謂釋義作用而言，若從方法論或學理上觀點，則可分別爲文義、論理、歷史、目的等解釋方法：

(一)文義解釋

文義解釋者，或可謂爲「文理」解釋，因爲涉及詮釋上的文字特性、文法結構及專門名詞界定等，可說是最具說服力和最根本的釋義所在。文義解釋應注意下列原則：

1.通常性

除法律明定術語（用語）外，解釋法律應以平易通常的意義爲主。所謂明定的術語，如訂有解釋性的法律條文者，刑法規定：「稱以上、以下、以內者，俱連本數或本刑計算。」「稱公文書者，謂公務員職務上制作之文書」，即是顯例；或如法學用語之「善意」、「惡意」，係指不知情、知情者。除了此類專門術語外，解釋法文時，應以平易通常的意義爲主，因爲法律是全社會構成分子所適用，自宜以人民大眾所通常認知的意思爲解釋。

2.連貫性

解釋法文應注意法律的全文意義，因爲法條常有另一條作補充的意義，解釋時要全文連貫，才能避免誤解，如民法75條規定無行爲能力人之意思表示乃無效，但76條則規定有得由法定代理人（如父母）代爲表示，可見如僅望75條之文而生義，將有所偏差。

3.時代性

解釋法律應適應社會生活的實際狀況，而現代社會的生活

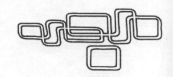

和一般的知識，常因時代發展有所變遷。故解釋法文時，應注意社會實際狀況，如「死亡」之認定，為使器官捐贈得以推行，已改採「腦波停止」說，而非心臟停止跳動說；「強姦」之認定，改採「使插入」說，而非原僅適用男性犯之射精說等。

(二)論理解釋

以概念涵義為關聯比較，而不拘泥於條文字句，並且藉助一般推理法則，闡明法律之真義者，是為論理的解釋方法，可包括至少以下應用：

1.擴張解釋

法律條文所規定的文字範圍過於狹窄，參酌立法目的，將法律文義擴大，使法律的意義更為完備，如憲法第19條規定：「人民有依法納稅之義務」，應解釋為除自然人外，法人既能有營利之公司、銀行等，自亦有納稅的義務；又如販賣「鴉片」的範圍包括仍可吸用之「煙灰」，同屬採行了擴張解釋的方法。

2.限縮解釋

以通常的文理方法解釋法條，恐將失之過寬，則參酌立法目的，縮小其適用幅度，如憲法第20條：「人民有依法律服兵役之義務」，此所稱之人民，應以男人為限。

3.當然解釋

依一般事理或社會傳統觀念，認為某種事項當然包括在內者。如我國憲法並未規定人民有遵守法律的義務，但社會觀念普遍認為天經地義，無須規定，自然包括在內。又如法諺云：「法所禁止者，舉輕以明重」，可想見連吐痰也不可以者，大小便自然更在禁止意思之內。

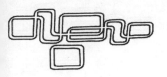

4.反對解釋

　　此乃從法律文字之反面意義予以解釋，如民法第973條：「男未滿十七歲，女未滿十五歲者，不得訂定婚約」，其意之反面結果，若男滿十七歲，女滿十五歲者，即可訂定婚約。

5.體系解釋

　　推敲法律整體之體系功能、結構等，予以補正不足者，如我國憲法只明定行政院與考試院有對立法院提出法律案之權，並未明定監察院與司法院的適用，後經大法官會議基於五權分立乃平等相維之體系運作原理，解釋兩院亦有法律提案權，以補憲法之缺漏；體系解釋強調功能和諧性、結構一體性等，為解釋憲法國家體制的一項必要檢證方法。此亦有謂為「比較解釋」者，並可擴及至與外國憲法體系、行政法法理等之參照，而作成解釋。

6.類推解釋

　　法律所未規定的事項，援引其類似事項的其他法律，比附適用，使其原本未規定之事項產生法律效果。類推解釋的適用為民事法規之重要理則，如消費借貸可類推適用「消費寄託」，經理人可類推適用「代理人」的規定均為民法明示；但刑事上，或行政法之關於人民義務與行政罰，因基於人權保障、防止政府濫權，此類推原則當在禁止之列。

(三)歷史解釋

　　歷史解釋或謂「沿革解釋」，乃是著眼於法律之制定及演進的一種釋義方法，常見於憲法解釋的運用，我國大法官審理案件法第13條所定：「大法官解釋案件，應參考制憲、修憲及立法資料。」即視歷史解釋為必要之方法，如釋字75號對於國大

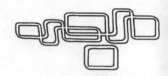

代表可否兼任官吏，解釋文指出：「查制憲國民大會，對於國民大會代表不得任官吏，及現任官吏不得當選為國民大會代表之主張，均未採納……足見制憲當時，並無限制國大代表兼任官吏之意。」乃明顯採取「歷史解釋」途徑。

惟制憲者、立法者之本意探究，此種「立法原意」，不必然是立法者當時起草法案的個人本意，而應是代表某一時代社會的法律意識，當法令一經創立即屬獨立存在，而成為客觀的社會規範和價值。（註3）

(四)目的及結果取向解釋

如同歷史解釋著重原立法動機，而非從法理上做主要考量；乃為求適應當前社會環境，或就解釋所將對社會造成之影響等實際利益為評價取向，有所謂之「目的論解釋」及「結果取向解釋」，此是解決價值衝突的方法，把視域探向司法以外的領域。目的論解釋，選擇可踐履目的之解釋內容，如釋字第117號針對國大出缺之遞補，衡以「中央政府遷臺後，為適應國家之需要而設」，如此方能使國民大會繼續行使職權，而確保憲政之運作目的，大法官會議乃闡釋了「第一屆國大遞補條例」未違憲的決議意旨；結果取向解釋，考慮解釋後將造成的影響結果，如釋字第328號，大法官指出「領土界定」乃是政治問題（Political Question Doctrine），不應由司法部門解釋，實即以此一解釋必然涉及臺灣獨立等國家政策爭議結果，乃作出了「不解釋的解釋」。

註3：當代法律解釋學，對於法律規定不明確的爭議，正陳現探求立法者其本有的意志之「主觀說」，與探求法律文義及結構所形成的客觀意旨之「客觀說」，二說中以「客觀說」為主流趨向，但二者觀點現多交互影響。

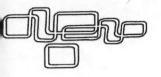

第二節　法之適用

　　將本身係抽象文字的條文內容，與個別具體的社會事實相互結合，而使其發生一定法律效力的裁判過程，係為「法之適用」。就此中應加以析論之重點，包含法學上的應用方法、事實判定的證據、適用的行為效果型態及機關個別的裁判原則等。

一、法律適用過程

　　法律在裁決人員的適用上必須確定三件事項：一是個案的構成事實關係為何？此有賴證據之認定；二是與事實相當的法律條文為何？三是法條的涵義為何？或逕探文意、或引述論理等前節所述的解釋方法。然後進一步使事實與法條涵義的概念得以涵攝結合，並引出法律上的處置效果。茲再就法之適用要述如下：

(一)三段論法

　　以法律為大前提，以事實為小前提，進而推得其結論。如刑法規定殺人者處死刑、無期徒刑或十年以上有期徒刑（大前提），而某甲殺人的事實成立（小前提），故某甲應依該法規與事實涵攝之結果，判處死刑、無期徒刑或十年以上有期徒刑之刑罰（結論）。在法之具體適用時，有必要運用前節所探討的「解釋方法」來掌握法規涵義，以及依「證據法則」來釐定事實真相。

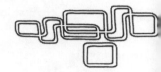

(二)須有明確之法律規範

當大前提的法律與小前提的事實兩者皆明確時,必可獲得明確之結論,但如遇有法規本身不明確時,使無法由事實順利推論出合理的結論,因此需仰賴法律的解釋,以闡示法律的明確性。

(三)須有明確之事實認定

事實的認定,需以證據爲基礎,此包括人證與物證,此即證據裁判原則:「犯罪事實應依證據認定之,無證據不得認定犯罪事實」(刑訴§154)。人證如目擊者,物證常有須經比對、鑑定者,證據之是否具證據能力,而得採爲判決基礎,乃由法官裁量判斷,是爲「自由心證主義」。惟法官對證據的採用,應遵守以下原則,並非漫無標準:

1.法官採用證據,需經合法調查

如證物必要時應經專家鑑定;犯人「自白」非係國家機關以不正方法取得,如司法檢警不得加以刑求逼供(如係人民私自竊聽竊錄或違法監查等,則未被絕對禁止採爲證據,常見以錄影、拍照爲民事離婚的舉證),否則不得作爲證據認定。此即:「未經合法調查(此指司法機關之作爲)之證據,不得作爲判斷之依據。」(刑訴§155 II)

2.不得違反經驗法則

死者只有刀傷,證人指爲犯人所持槍槍殺,顯然與事實有差距,而違反經驗法則,不得採爲證據。此即「證據之證明力,由法院本於確信自由判斷。但不得違背經驗法則及倫理法則。」(刑訴§155 I)。以其違背證據與待證事實之關聯性。

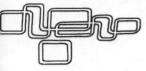

3.不得採用傳聞證據

如法官斷罪係引用某記者獨家報導、或在公車上聽聞的消息等。因而在法庭未具結者的證言或鑑定意見不得作爲證據（刑訴§158之3）；證人的純粹屬個人意見或推測之詞均不得逕採爲證據（刑訴§160）。

二、事實確定之輔助方式

事實本應以證據爲基礎，但證據經常難以蒐集，且易遭湮滅，因此，爲避免舉證的困難，或基於公益理由，法律常見有事先設定的兩種輔助之方式：

(一)推定

某種事實因缺乏明顯積極之證據而難以判定，乃參考周圍情事或一般常理，予以推論認定。推定，係以通常事理或演變慣例而推設假定，如有不同的主張，自可提出反證加以推翻。如民法1063條：「妻之受胎，係在婚姻關係存續中者，推定其所生子女爲婚生子女」，以確立親屬關係的單純化，但若有不同的主張，自可提出反證，因此，本條並規定：「如夫妻之一方能證明妻非自夫受胎，得提起否認之訴」。「推定」是爲解決常見事務的一項初步判定，在民事上經常使用，諸如民法第9條死亡時間的推定、第11條同死推定、第124條生日推定等不勝枚舉。

(二)視爲

基於公益之需要、或立法政策考量，對於某些事實不問其眞實性如何，依據法律強制確定。此種擬制係立法手段的強制

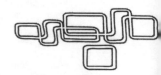

決定，因此，縱有與眞實相反的證據，亦不許舉證推翻。擬制，在法條上多以「視爲」表示，如民法第7條規定：「胎兒以將來非死產爲限，關於其個人利益之保護，視爲既已出生」。因而胎兒就享有權利方面便可與其他自然人相同；再如民法規定經契約相對人催告，而其父母不在對方所定期限內作出明確回答者，視爲拒絕承認（民§80），法律作出如此適用規定，旨在使權利義務關係明確，避免將來可能之糾紛。

三、法律適用之行為效果

日常無涉於法律的行爲，因不符法條的構成要件，可謂「自然事實」，如對天發呆、下雨打傘等；至若與法律規定的構成要件結合，而發生一定的法律效力者，此即爲一般人民之法律適用的效果類型，可區分爲四類：

(一)適法行爲

某行爲或事實符合法律規定條件，發生一定的法律效果者。此適法行爲使當事人產生一定權利，而得依法主張保護。如甲男與乙女以永遠共同生活爲目的，合意成立結婚契約，因爲符合民法規定，產生夫妻權利義務關係。

(二)違法行爲

此係某項行爲所表現的法律事實，違反法律規定和義務，而發生一定的法律制裁的效果。如殺人者違反刑法殺人罪的規定，國家得對犯罪者科處一定的刑罰。又如同性之婚約，違反公序良俗，目前仍屬無效的法律行爲。

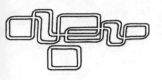

(三)脫法行為

以某種迂迴的方法，規避法律的強制規定，而達到其不法目的者，乃為脫法行為。即以合法手段掩護不法目的。例如，高利貸係民法禁止的行為，債權人以回扣、手續費等方法，巧取得利而使不超過法定最高利率（年利率20％）。

(四)放任行為

某種行為的表現就外觀乃違法狀態，但卻因其行為屬於緊急情況，而為公力救濟所不逮者，法律此際乃採取放任的態度，不予干涉，亦即構成「違法的阻卻」。如刑法與民法對為防衛他人不法侵害所為的正當防衛、或避免緊急災難之作為，在不過當之下，刑事上不論以犯罪，民事上不負賠償責任。

四、機關適用之原則

(一)司法部門

司法機關適用法律的原則如下：

(1)法官非經當事人的請求，或檢察官的正式起訴，不得自行審判。此即審判上「不告不理」的原則。

(2)司法官對於違背憲法之法規：①法律的形式有違背憲法時，因不具有效性，得拒絕適用；如該法未經合法的議決，或公布手續未備等是；②如法律具備適法的形式，則不問其實質如何，均應適用。至其實質違背憲法與否，解釋權依憲法之規定，屬於司法院大法官會議決

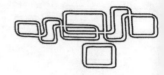

定，普通法官無權解釋與拒絕適用。

(3)法官適用法律為審判的主要依據，並非除法律以外與憲法或法律不相牴觸的有效規章，均排斥而不用。換言之，若行政命令與憲法或法律並無牴觸，即應有其效力，法官即不得予以排斥而不適用。

(4)法官不得以法律為不正當而拒絕適用。法官的任務，是執行法律，而不是制定法律。無論法律之正當與否，法律一經公布施行，法官即有執行的義務，況法律之正當與否，亦無一定標準，倘許可法官任意取捨，則必流為專斷，而有害人民權益保護。

(5)法官不得以法文不明不備為理由，而拒絕審判。司法官如可以法文不明不備而拒絕審判，則人民權利將失去保障作用，社會秩序亦將無法維持，有失國家立官司法之意。故法律不明不備的時候，司法官應用解釋闡明之。在民事案件，應依據：「民事法律無明文者，依習慣；無習慣者，依法理」，而依次適用審判之。在刑事案件，則應依據罪刑法定主義，以法無明文規定，宣告無罪，而不能不審判。

(6)法官適用法律審判，不受任何干涉，以維護「審判獨立」的原則。同時審判不得隨地為之，應在法庭公開審理。

(7)一事不再理。即凡案件一經判決，即有確定之效力，對於同一案件，法院即不得再予審理。

(二)行政部門

(1)行政人員適用法律，須受上級之指揮監督：上級行政官署對於所管轄下屬官署，有指揮監督的職權，而下級有

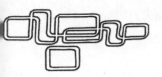

服從的義務。故行政人員適用法律須受上級的指揮監督，此與司法官的超然獨立，不受任何干涉者有別。但下級行政官對於上級所發命令，如有意見，得隨時陳述，如明知命令違法，則不應接受（刑§21）。

(2)行政人員適用法律得發布命令：法律僅為原則性的規定，不及細目，行政官於適用時，得制頒法規性質之命令，如制定規程、規則、細則或辦法等以資遵循。

(3)行政人員雖無當事人之請求亦得適用法律：行政人員和司法官不同，不適用「不告不理」之原則。行政人員固可基於當事人之請求，而被動的適用法律，例如訴願；惟受有法律之委任時，不問人民之願望如何及有無請求，仍應自動為法律的執行。

(4)依法行政之原則：所謂依法行政，又稱法治政治，即在民主法治國家，行政機關依據法律之授權或規定，而行使其行政權。

(5)行政人員所適用的行政法規類型中，常有具廣泛之自由裁量權，如遊行的核准、人事的任免、公司團體的設立許可、商標專利的註冊審定……。行政人員適用法律時，在法律容許的範圍內，有行政上自由裁量權力，有別於司法官僅得依據法律的規定而適用法律者。

第八章
法律之制裁

　　法律制裁乃國家爲確保法律的效力，而對於違犯者所施加的「惡報」。法律制裁的對象爲違法者，但不以自然人爲限，即國家及法人等亦含括在內。同時一種違法事實，可能不僅觸犯一種法規，而僅施以一種惡報而已，如公務員的貪污行爲，可能同時遭受科刑、懲戒及返還利益的三種制裁型態。另又法律制裁係從早期原始社會的依靠己力尋求報復，於今則多仰公權力的司法救濟，並以嚴刑峻法期達嚇阻犯罪功效，而隨著國家機能的轉變，法律制裁雖仍以懲罰爲核心，但教化作用亦頗受到重視，制度上使違法者多有機會能改過向善。茲將法律之制裁型態整理如圖8-1。

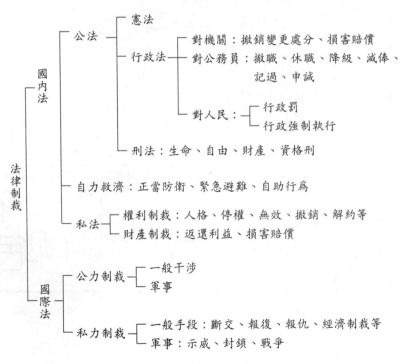

圖8-1　法律之制裁型態

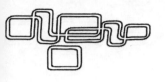
第一節　公法上制裁型態

就宏觀而言，法律制裁係法律附隨的應報內涵，故所涉頗廣泛，本節僅先述公法上的制裁類型，次節起再言私法及其他自力救濟、國際法上制裁等。

一、憲法制裁

憲法的規定不能由私人自由伸縮內涵，乃為強行法，但是其本身並無直接制裁作用，故憲法上的罰則必須另依子法作明確規範，主要為對憲法上規定的公職人員，依民主憲政原理而負有政治、行政責任者，予以「罷免」和「彈劾失職」。

(一)罷免

罷免權相應於選舉權而來，是人民參政權的行使，故為政治責任的追究。可分為對於元首和其他公職兩類型：

1.對總統、副總統的罷免

由全體立法委員四分之一的提議，全體立法委員三分之二的同意後提出，並經中華民國自由地區選舉人總額過半數的投票，而有效票過半數同意罷免時，即為通過。

2.對民意代表及各級地方首長的罷免

依憲法第133條規定：「被選舉人得由原選舉區依法罷免之」，在我國選罷法的規定，罷免案須經原選舉區選舉人總數百分之二以上提議，經原選舉區選舉人總數百分之十三以上連署，於罷免投票時，原選舉區選舉人總數二分之一以上的投票，有效票二分之一以上同意罷免時，乃為通過。

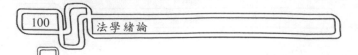

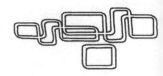

(二)彈劾

彈劾係政府權力中三權對抗的一種功能，基於國會（代表人民的議會）監督行政的執行，故主要是追究行政責任。彈劾乃對於違法失職的公務人員，舉出事實證據，依法提出彈劾案，使其去職或予以懲處。亦可分為兩類型：

1.對總統、副總統的彈劾

總統、副總統的彈劾，須由全體立法委員過半數的提議，全體立法員三分之二以上之決議提出。該彈劾案提出時應於三個月內以比例代表制選出國大代表，經全體國民大會代表總額三分之二以上的同意，總統、副總統即應去職。

2.對中央及地方各級公務員的彈劾（不含民意代表）

對行政機關的一般公務員及司法、考試、監察院人員的違法、失職，得經監察委員二人以上之提議，九人以上之審查及決定，提出彈劾案，再交由司法院公務員懲戒委員會議決其懲戒罰則。所謂違法，乃指職務上違背法律行為；失職，乃指廢弛職務（該做未做）或瀆職（不該做卻做）等。

二、行政法制裁

對違反行政法規或行政處分者所加的制裁，可大分為行政救濟方法、公職懲戒罰及人民不遵從公權力時的秩序罰和強制執行。

(一)對行政機關的制裁

為保障人民權利，避免行政機關不當或違法之行為造成人民權利的受損，而能使行政機關亦獲得警惕，這項行政法對行

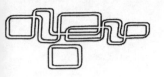

政機關的制裁，即為法學上的「行政救濟」。主要救濟方法有下列兩種：

1.撤銷或變更原處分

　　認為原處分不當或違法時，由有權機關予以撤銷效力或變更內容的方式。

　　(1)基於上級機關的監督職權：上級機關發現下級的行政處分有不當或違法情事，可本其指揮監督權，主動將其撤銷或變更。

　　(2)行政裁決：人民權益因行政機關違法或不當處分，致遭受損害，得提起訴願、行政訴訟，予以救濟。依訴願而撤銷者，係由受理訴願官署以「決定書」為之；不服訴願而依行政訴訟獲撤銷者，係由行政法院以「判決書」裁判。

2.損害賠償

　　行政機關不法的行政處分致人民受損害時，人民依法聲請賠償的方式。

　　(1)國家賠償：憲法第24條規定：「公務員違法侵害人民之自由或權利者，除依法律受懲戒外，應負刑事與民事責任。被害人民就其所受損害，並得依法律向國家請求賠償。」我國於民國70年施行國家賠償法，被害人民應先提出書面協議，如與機關協議不成，進而可提起訴訟請求賠償。

　　(2)行政訴訟損害賠償：人民因行政機關之違法處分，致損害其權利，經依法定程序提起行政訴訟，並得附帶請求

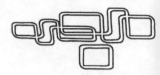

損害賠償。

(二)對公務員的制裁

公務員有違法或廢弛職務行為，依公務員懲戒法規定，受有俸給的文武職公務員及公營事業人員在內，得按其情節，而為撤職、休職、降級、減俸、記過、申誡等「懲戒罰」處分。

1.懲戒方法

(1)政務官僅適用撤職、申誡兩種處分，事務官之違法失職則可予以撤職、休職、降級、減俸、記過、申誡，而公懲法在實務上將縣（市）長、鄉鎮（市）長視為事務官的懲戒對象。

(2)對九職等或相當九職等以下公務員，主管長官可逕行記過、申誡之處分；若欲為撤職、休職、降級、減俸等處分，主管長官需將公務員違法、失職的事實及證據，連同有關卷宗，移送公務員懲戒委員會審議。對九職等以上公務員，其主管長官應備文書聲請懲戒事由，連同證據移請監察院審查，並由監察院進一步提交公懲會議處懲戒。

2.刑懲併行

(1)公務員違法或其他失職行為而移送公懲會審議，若公懲會認為該公務員有觸犯刑事法之虞時，應移送該管法院檢察機關或軍法機關偵辦。

(2)公務員懲戒程序與刑事程序可以同時併行，我國不採各國慣行的「刑先懲後」制，但若懲戒應以犯罪是否成立

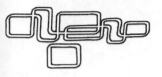

為斷時，公懲會認為有必要，得暫停審議程序。且同一
行為即使為不起訴處分或無罪的宣告，並不影響懲戒處
分的認定，縱使刑事判決確定處分，公懲會再為懲戒處
分，亦不構成「一罪不兩罰」。

(三)對人民的制裁

可分為行政罰與行政上強制執行，前者係人民違犯行政秩
序的罰則，後者在於使人民履行其責任的公權力手段。

1.行政罰

行政機關對違反行政義務者所採取的制裁措施，亦稱為
「行政秩序罰」。行政罰依其性質約可分為：

(1)警察罰：違反警察法規或處分所為處罰，依「社會秩序
維護法」規定，其處罰的種類分為六種，其中拘留、勒
令歇業、停止營業必須經簡易法庭裁決後，方可執行。

①拘留：一日以上，三日以下，加重時不得逾五日。

②罰鍰：新台幣三百元以上，三萬元以下，遇有依法加
重時，合計不得多於新台幣六萬元。

③申誡：以書面或言辭為之。

④沒入：查禁品，及因違反本法行為所生或所得之物，
均以屬於行為人所有者為限。

⑤停止營業：其期間為一日以上，二十日以下。

⑥勒令歇業：永久勒令其停止營業活動。

(2)財政罰：對違反財政上義務所為之處罰，其處罰包括：
罰鍰、加收滯納費、停止營業及沒入等。人民納稅違反
的財政罰，與刑法上的刑罰有異，亦不同於民事上的制

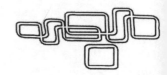

裁，可說並非「司法案件」，故除情節重大者，得依法移送司法機關，加以科處徒刑或拘役外，我國已依行政罰精神，改由法務部所轄行政執行處追討與拘提管收等財產執行方式。

(3)軍政罰：對違反軍政上義務所為的處罰，如「妨害兵役治罪條例」、「兵役法」所定罰則。

(4)其他各種行政上處罰：包括：①依戶籍法的規定，無正當理由而不於法定期間為登記的申請者（如小孩出生十五天內未申報），或申請人為不實的申請，均處以罰鍰；②專業懲戒處分，如律師、會計師、建築師、醫師等違反其專業法規，得處以申誡、罰鍰、停業處分或撤銷其資格等處分。

2.行政上強制執行

人民應履行特定行政上的義務而不履行時，行政機關得依行政執行法對其施以間接強制處分或直接強制處分。

(1)間接強制處分：

①代履行：人民乃依法令負有行為義務而不為者，由該行政官署或命第三人代為執行後，向義務人徵收費用。得為代執行之義務須為作為義務，且其義務須他人可代行為限。例如常見政府代拆除違章建築、代收割焚燬有毒稻米。

②罰鍰：乃以金錢的方式令義務人履行義務，因而亦稱「怠金」。因義務人所負有的作為義務非官署或第三人所能代為執行時，或義務人所負有者乃不作為的容忍義務。例如應受義務教育之義務者不上學就讀，向其

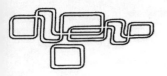

父母科處罰鍰；或禁止擺攤位地區，任何人有不擺攤
的容忍義務，對違反的攤販可開予罰單。

(2)直接強制處分：以間接強制處分的方法仍不能達成其目
的者，或情況急迫時，對於義務人的身體或財產所加的
強制處分，包含直接侵入其家宅、處所（如救災），對人
管束（如泥醉）、對物扣留、使用或處分，或限制其使用
（如火災現場禁開用瓦斯）。

三、刑法制裁

　　刑法係針對犯罪的行為，予以「惡報」的典型法規，依我
國刑罰的目的，除了藉由主、從刑的衡平處罰外，亦有為保護
社會安全，使犯罪者另受矯治的預防措施；故刑法上的制裁可
分為刑罰與保安處分兩者。

(一)刑罰

　　強調「應報」作用，給予犯罪者一定侵犯法益的評估，而
強制其人身或財產、資格的制裁方式。可分為主刑與從刑，從
刑乃附屬主刑而不得獨立為科罰。

1.主刑

(1)生命刑：死刑應經司法行政最高機關（法務部）令准，
於令到三日內，在監獄內執行。我國刑法原訂有以死刑
為唯一法定刑之罪包括：殺直系血親尊親屬、強姦殺
人、海盜結合罪（放火、殺人、擄人勒贖、強姦）、擄人
勒贖而故意殺被害人等；惟因死刑難免有冤獄而事後完
全無法補救的缺失，目前多已放寬此一嚴厲標準（如殺

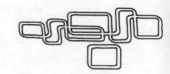

直系尊親屬可罰死刑或無期徒刑）。

未滿十八歲及滿八十歲的人犯罪，不得處以死刑。

(2)自由刑：屬剝奪犯人的身體自由刑罰，包括有：

　　①無期徒刑：將犯人終身監禁於監獄中的刑罰，但未滿
　　　十八歲或滿八十歲的犯罪，不得處無期徒刑。

　　②有期徒刑：指二月以上，十五年以下的期間，監禁犯
　　　人之刑罰，但遇有加減時，得減至二月未滿，或加至
　　　二十年。

　　③拘役：於一日以上，二月未滿的期間內，監禁犯人，
　　　但遇有加重，得加至四個月。

(3)罰金：對於輕微犯罪行為，得以判決令犯人繳納一定金
　　錢的型罰。罰金應於裁判確定後兩個月內完成，期滿強
　　制執行而仍無力完成繳款者，易服勞役。罰金有三種可
　　能型態，同時另有刑罰困難時，由法官酌量的易科罰
　　金；刑法上的易科罰金或罰金改服勞役（刑§41§42規
　　定），原指銀元，換算新台幣應乘三倍，又依「罰金罰鍰
　　提高標準條例」，以一百倍折算，故一天三元，即為新台
　　幣九百元。

　　①單科罰金：即法律規定的刑罰種類僅可處以罰金，不得
　　　科處其他主刑，如普通賭博罪科處一千元以下罰金。

　　②選科罰金：即法官在科處刑罰時，可在罰金與其他主
　　　刑兩者間任選一種。如公務員過失洩漏國防秘密罪，
　　　處二年以下有期徒刑、拘役或一千元以下罰金。

　　③併科罰金：即科處其他主刑之外，再加科罰金一種。
　　　如偽造貨幣罪，處五年以上有期徒刑，得併科五千元
　　　以下罰金。

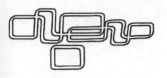

④易科罰金：即犯最重本刑為五年以下有期徒刑，而受
六個月以下有期徒刑或拘役之宣告，因身體、教育、
職業或家庭之關係，執行顯有困難時，依刑法第41
條，法官得以一元以上三元以下折算一日，予以易科
罰金。

2.從刑

(1)褫奪公權：即剝奪犯人得享有的公法上權利，故又稱為
資格刑或能力刑，包括褫奪公務員的資格、公職候選人
的資格，及選舉、罷免、創制、複決四權的資格。

(2)沒收：乃剝奪與犯罪有密切關係物品的所有權，或是對
於犯人財產強制收歸國庫的刑罰，依我國刑法規定，應
予沒收的物品有三：

①違禁物：此為一概沒收，如軍火、毒品。

②供犯罪所用或供犯罪預備之物：如殺人的槍枝木棍、
放火的汽油。

③因犯罪所得之物：如因賭博、販賣毒品所得的金錢。

②、③二項的沒收，以物品屬犯人所有為限。

(二)保安處分

這是對於徒以刑罰尚不能改善犯人習性，或有預防社會秩
序受違害的特殊必要者，所另施以教化、治療、監督、隔離等
的處分。茲列表參照說明（**表8-1**）。

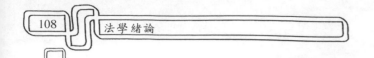
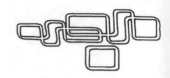
表8-1　保安處分之措施、期間及對象

處分措施	施行期間	處分對象
1.感化教育	二年以下	未滿十四歲而不罰者，或未滿十八歲而減輕其刑者。如微罪而得於刑罰前爲感化教育，得因結果優良，免其刑之執行（現多依少年事件處理法的特別法處遇）。
2.監護處分	二年以下	因心神喪失而不罰者，或因精神耗弱或瘖啞而減輕其刑者。得於刑之執行完畢或赦免後，施以監護。
3.禁戒	六月以下	吸食使用鴉片、嗎啡、高根、海洛因或其化合質料。
	二月以下	因酗酒而犯罪者，得於刑之執行完畢後，施以禁戒。
4.強制工作	三年以下	有犯罪習慣，以犯罪爲常業，或因遊蕩或懶惰成習於犯罪者，得於刑之執行完畢或赦免後，強制工作。
5.強制治療	治癒爲止	明知自己患有花柳病或痲瘋病，隱瞞而與他人爲猥褻或姦淫，致傳染於他人者，得施以強制治療（性侵害犯罪者應經強制診療）。
6.保護管束	三年以下	凡受1至4項的處分，均得按其情形，以保護管束代之（另緩刑、假釋者亦有保護管束之適用）。
7.驅逐出境	刑畢或赦免後	外國人受有期徒刑以上之宣告者。

第二節　私法上制裁型態

　　私法上制裁，可以民法作爲各型態的說明。由於這在性質上係屬「任意法」，對於違反私法義務時，是否行使制裁權，乃聽任當事人自主決定；同時主張的權利人，可經由訴訟等程序，請求司法公權力的強制執行、強制履行或拘提管收等。至

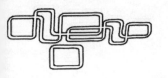

於在制裁的實體內容，包括有權利的剝奪和財產的強制賠償。

一、權利制裁

(一)法人人格權的剝奪

自然人的人格權除因違反刑法的死刑外，原則不得剝奪人格權利。而法人人格則係法律賦予設立，法人違法時，自得依法剝奪其人格權。因此，法人的目的或其行為，有違反法律、公共秩序或善良風俗者，如登記為慈善團體，卻從事營利事業，法院得因主管機關、檢察官或利害關係人請求，宣告解散。

(二)身分權的剝奪

自然人基於結婚、出生依法應享的權利，稱為身分權。如有父母濫用其對子女的權利時，可由最近親屬或親屬會議糾正之，糾正無效時，得請求法院宣告停止其權利一部或全部；或逕依「家庭暴力防治法」，向住居所的地方法院申請「保護令」，而限制使用暴力的父母（亦適用於配偶間的暴力行為），遷出、遠離、給付及訂定會面等各種懲處內容。又如有繼承人故意致被繼承人或應繼承人死亡，或雖未致死但因而受刑罰宣告者，喪失繼承權；養子女浪費財產，亦可向法院提出「終止收養」等，均屬對身分權的制裁手段。

(三)無效與撤銷

「無效」或「撤銷」的情形都規定於民法總則編（刑§71-§92），其作用可使某種不適法或不正當的法律行為不生效力，

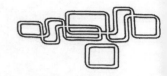

乃間接地使依該項法律行為應得的權利消滅，也是權利制裁的型態。無效與撤銷之意義與差異見**表**8-2。

1.無效

無效者，法律自始、當然、確定的不生效力。例如民法第72條所定：「法律行為，有背公共秩序或善良風俗者，無效。」故當事人訂定終身不嫁的契約，並無拘束效力。又如民法246條所定：「以不能之給付為契約標的者，其契約無效。」故出賣人出賣不存在的土地，買賣契約無效。無效並非吾人事後所採取的行動，論其為制裁的一種，乃係因法律事前對此加以禁制的結果。

2.撤銷

撤銷者，法律行為因當事人撤銷後，使有瑕疵的法律行為，溯及的消滅效力。如民法92條所定：「因被詐欺或被脅迫，而為意思表示者，表意人得撤銷其意思表示。」故如受詐騙的契約當事人，得依法撤銷契約，使該契約歸於無效，而不必履行。

(四)契約解除

契約解除者，契約當事人因為約定事由或法定事由的發

表8-2 無效與撤銷之意義與差異

區分	意義	兩者差異內容		
		人的因素	時的因素	事的因素
無效	法律行為缺乏有效要件，自始即不曾發生過效力。	無須任何人主張	不因時效而成為有效	在法律上當然不生效力
撤銷	法律行為，因意思表示有瑕疵，由撤銷權人溯及的消滅其效力。	須有撤銷權人主張	撤銷權因法定時效經過而消滅	未撤銷前該行為仍為有效

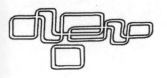
生，一方行使解除權，使契約效力溯及消滅的單方意思表示。
如民法254條所定：「契約當事人一方遲延給付者，他方當事人
得定相當期限，催告其履行，如於期限內不履行時，得解除其
契約。」故當事人如遇有買賣契約訂立後，貨物未按時交貨
時，得解除契約，使債的權利關係狀態消滅。

二、財產制裁

財產的制裁，主要為損害賠償，係當事人一方違反民事法
造成他方財產、身體或精神的損害，損害者對受損害他方，依
法請求賠償的規定。

損害賠償的方式，我民法以回復原狀為原則，金錢賠償為
例外。故損害情形，有不能回復原狀或回復顯有重大困難者，
即應依損害程度估計其金錢賠償被害人，以填補其損害，如古
董毀損顯無法修護，則應賠償該古董的估價金額。

(一)債務不履行之損害賠償

債務不履行者，可歸責於債務人事由，致給付不能、或不
為給付、或不為完全給付者（給付物未依原定品質、功能，如
冰箱不冷、高粱酒無酒精、龍蝦含劇毒），債權人得請求損害的
賠償。例如買賣契約訂立後，債務人故意將貨物轉送女友致無
法交貨的給付不能時，買主可要求損失的賠償。

債務不履行的損害賠償範圍，應以填補債權人所受損害
（造成增加支出）及所失利益（造成減少收入）為限。所受損害
乃「積極損害」，因債務不履行所實際造成的損害；如因房屋出
賣人遲延交屋，另外租屋的支出；或如因結婚喜酒未如期送
達，臨時不得已而以高價另為購買。所失利益乃「消極損害」，

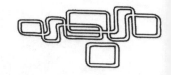

即依通常情形，或依一定的計畫、設備或其他特別情形，可得預期之利益，視為所失利益；如因房屋出賣人遲延交屋，造成已有新買主而無法轉賣，原所可得而未得的差價。

(二)侵權行為之損害賠償

因故意或過失，不法侵害他人權利者，應負損害賠償責任，此在刑事上多為犯罪受罰型態，而於民事結果則受財產上的制裁。

1.不法侵害他人致死

侵權行為人應賠償：(1)殯葬及醫療費用；(2)被害人依實際上所負擔法定扶養義務者，加害人應賠償其該等親人的扶養費用；以及(3)被害人的父母、子女及配偶的精神賠償。如開車不小心撞死人，駕駛者應該賠償死者的喪葬費、受死者實際扶養的人扶養期內的生活費，及死者父母、子女與配偶的慰撫金。

2.不法侵害他人身體

加害人應賠償被害人，因此減喪的勞動能力或增加生活上需要的費用；以及被害人因其身體、健康、名譽或自由，受侵害所可請求的精神賠償。如開車撞傷他人，駕駛者應該賠償傷者的醫藥費（增加支出）、正常上班的工資（減少收入）與精神慰撫金。

3.不法毀損他人之物

此亦是侵權（所有權）行為，應賠償被害人因物毀損所減少的價額，如開車撞毀他人車輛，應賠償修車費用。

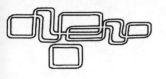

第三節　其他制裁型態

一、民刑法上自力救濟

　　不論公法上的主動予以制裁（除刑法告訴乃論之罪係例外），或私法上的由於須當事人請求，司法機關方被動的予以義務違反者制裁，概皆依賴公權力為強制手段；但在某些特定情況下，法律為即時確保人民權益，乃允許有自力（私力）制裁的救濟方式，惟限制自屬較為嚴格。

　　民、刑法對於「正當防衛」與「緊急避難」的自衛行為，由於認為多出於被動的自我防衛，而有相一致的適用規定；惟對於積極、自動的侵犯他人自由、財產的自助行為，則刑法並未採行。

　　民刑法上自力救濟之型態歸納如圖 8-2。

(一)自衛行為

1.正當防衛
　　對於現在不法之侵害，而出於防衛自己或他人權利之行

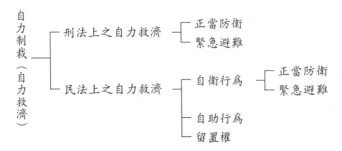

圖8-2　民刑法上自力救濟之型態

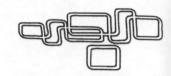

為，刑事上不犯罪，民事上不負損害賠償責任。主張正當防衛權，必須有現時不法的他人侵害為前提。如某甲為避免乙男對其強暴行為，以噴霧器將乙噴傷眼睛，雖然構成刑法傷害罪與民法侵權行為，但因甲女在行為符合正當防衛要件，而無罰責和賠償責任。惟如防衛過當仍應負相當法律責任，此即防衛完成後不得為進一步之加害行為，常見者已將搶匪歹徒打傷在地或綑綁，使其喪失侵犯能力，卻再加以毆打凌虐則屬過當行為。

2.緊急避難

為避免自己或他人生命、身體、自由、財產之緊急危難，而出於不得已之行為，刑事上不犯罪，民事上不負損害賠償責任。緊急避難是為避免任何現時危險，如沈船、墜機、大地震等，而造成侵害第三人的行為，因此緊急避難，只需危險存在，得對任何人主張。如為逃避狗咬而撞破店家廣告看板，不構成刑法的毀損罪，也不必賠償店家損失。惟一方面亦不得避難過當，此即所採作為應係避難唯一（或必要）方法；另一方面災難的發生應非由自己引起（如火災非自己點燃汽油、被狗追非因自己闖入偷竊），或負有法定職務上特別義務者，如船長、機長棄乘客先逃難，不得主張緊急避難。

(二)自助行為

權利人對相對人擁有請求權，但因情況緊急，來不及請求官署援助，且非即時作適度的保全措施，請求權可能在日後發生困難，乃由權利人對相對人的自由或財產施以拘束、押收。自助行為完成後，應立即向法院聲請處理，若此項聲請被駁回或聲請遲延者，行為人應負損害賠償責任。這項自助行為成立

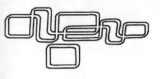

的要件，必須是為保護自己的權利，不像自衛行為可因為保護他人權利而採行；同時須處於急迫而有來不及請求公力救濟的事實存在。如於機場見債務人捲款欲逃避出國，而在登機前將之攔下，扭送司法機關。

(三)留置權

我民法物權編為擔保債的清償，而有動產留置權的行使規定。這是基於法定牽連關係，如修車的修車費用，或一般食宿等商業行為視同有牽連關係，債權人得留置占有與債務牽連的動產為擔保品；屆期債權未獲清償，即得拍賣留置物以取償。民法的具體留置權適用，如不動產出租人對承租人物品的留置權，住宿、飲食店主人對客人行李財物的留置權，土地所有人對侵入損害的動物留置權等皆是。

二、國際法上的制裁

國際法上的制裁，係以強制方式介入他國的干涉行為，這是施壓以逼迫對方屈服，故並非遊說、勸說、斡旋等外交和平調停手段。亦可分為公力（各國聯合行動）與私力（本國單獨行動）制裁。

(一)公力制裁

所謂公力制裁，即由國際團體以強制方法，促使違反國際法的國家，改正其作法，以維持和平和秩序的手段，其重要方法有：

1.一般干涉

這是較為和平的干涉方法，如「聯合國憲章」規定：「安

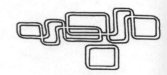

全理事會得決定所應採武力以外之辦法，此項辦法得包括經濟
關係、鐵路、海運、航空、郵電、無線電及其他交通工具之局
部或全部停止，以及外交關係之斷絕。」

2.軍事干涉

此係包括聯合國會員國的空、海、陸軍示威封鎖及其他軍
事行動，實為最有效之制裁手段。

(二)私力制裁

所謂私力制裁，指受害國依自己的力量予加害國以制裁
者，即是國家的「自力救濟」，其方法有二種：

1.一般手段

(1)停止邦交：受害國為抗議對造國不法起見，可以宣告與
對造停止邦交，常見的方式有二：一為召回使館首長，
一為完全封閉使館。

(2)報復：報復係以類似手段，抗議不友誼或不公平的行
為，如簽證延發、提高關稅。

(3)報仇：報仇者，對於不法行為的國家所施的返報，如拿
捕船舶及扣押財產。

(4)經濟絕交：經濟上拒絕往來，其方法為禁止被絕交國貨
物入口，使其經貿受挫。

2.軍事行動

戰爭乃國家間使用武力決鬥，以為解決爭端的最後手段。
此外軍事封鎖、示威亦多假軍事武力為手段。

第九章
法律關係

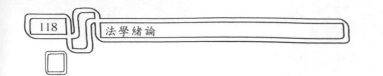 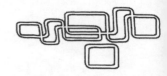
第一節　法律關係之主客體

　　法律關係不外乎是由人的自然生活，及人際間的相互接觸所產生。蓋先有了事實或行為的存在，再視法律規定賦予一定效果，從而產生權利與義務的對應，這便是法律關係的內容所在。

　　法律關係產生的前提原因，包括有某些「自然事實」，如出生（該嬰兒尚無自主意識仍取得權利能力）、死亡（死亡者已無意識卻發生繼承法律作用）、果熟落地（地主可擁有）；以及更富有行為目的的「人的行為」，這項有意識的行動，乃法律關係發生的根本由來，又可分為表示行為和單純的事實行為。**(註1)** 惟法律關係首應說明主體和客體的內涵，茲分述如下。

一、法律關係主體——人

　　法律關係的主體，乃擁有權利能力的人，這是具有享受權利與負擔義務的能力資格。包括有血肉精神的自然人，以及基於國家運作、社經發展等需要，而由法律擬制的團體性人格

註1：1.「表示行為」乃是行為人行為時，直接或間接地意識到某種法律效果，而法律對於該行為亦賦予法律效果，此包括有：(1)意思表示：表意人意欲發生一定私法上的法律效果，因而將其表現於外部，基於此項效果意思，法律賦予其期望的法律效果，如合意簽訂契約；以及(2)意思通知（例如催告）；(3)觀念通知（例如總會召集）；(4)情感表示（例如對配偶通姦「宥恕」）。

　　　2.「事實行為」乃是行為人雖未認知其中法律效果，但因其事實上仍是具有目的之一種行動，法律即賦予法律效果的行為，如發現埋藏物，依法非屬古藝術歷史等文化資產之物者，即取得所有權（民§808、809）。

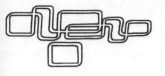

「法人」。

(一)自然人

(1)即具有五官百骸、血肉軀體的人。凡是人均得爲權利義務的主體，不因任何因素而有所差異，是以不分男女、老幼、智愚、健殘等均具有權利能力。依民法第6條規定：「人之權利能力，始於出生，終於死亡。」及第7條規定：「胎兒以將來非死產者爲限，關於其個人利益之保護，視爲既已出生。」因此自然人的權利能力自出生而始，至死亡而終，不問其生存期間久暫，終其一生得爲法律關係的主體；即或胎兒在第7條規定的保護利益下，亦得爲享受權利主體。

(2)法律上因應社會需要而設有特別規定，即「死亡宣告」制度，受死亡宣告者，依法結束以其住所或居所爲中心的法律關係；失蹤人離去住所而生死不明，一般人滿七年，八十歲以上者滿三年，特殊災難滿一年，利害關係人或檢察官得聲請法院爲宣告死亡判決，「推定」死亡而終止權利主體資格。

(3)外國人權利能力，依現行各國法制大都採「平等主義」而互相允予（諸如著作權、商標權、專利權等保護或註冊，悉採優先權制度和互惠主義）。但法有特別限制時，如我國土地法規定，對於農地、林地、礦地等特定土地，不得移轉、設定負擔或租賃於外國人，則外國人就該種土地即不得爲權利的主體。

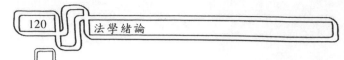

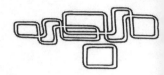

(二)法人

法人之分類如圖9-1。

(1)法人乃由法律賦予人格而得為權利義務主體者。原則上法人的權利能力應與自然人同，然因二者本質究屬有別，故民法特別規定：「法人於法令限制內，有享受權利、負擔義務之能力。但專屬於自然人之權利義務，不在此限。」是以如親權、扶養義務、生命權、健康權等，依其性質法人當無從享受或負擔。法人權利能力始於依法律設立登記的「成立」，而終於「解散」並清算完畢。

(2)法人成立應具備下列要件：

①共通適用部分：

A.須經設立：必須先經設立人之設立，始能成立。

B.有法律之依據：法人非依民法或其他法律之規定，不得成立。法人不得自由設立，其設立必須有法律依據，例如一般社團、財團須依據民法、人民團體

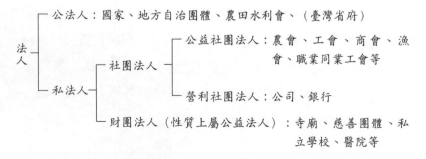

圖9-1　法人的分類

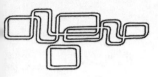

　　法，公司須依據公司法。

　　C.須經登記：法人非經向主管機關登記，不得成立，
　　　係採登記要件主義，此之主管機關係指該法人事務
　　　所所在地的法院而言（此即多數依人民團體法設立
　　　的政治、社會或職業團體，如欲進一步成為「法
　　　人」，即須向地方法院登記，以取得法人資格；惟
　　　亦有依農會法、漁會法等各特別法，如農會、漁
　　　會、工會、公司、銀行均於設立後即逕具備法人地
　　　位）。

　　以上三個要件，對於社團法人及財團法人均有適用。

②營利社團的設立採準則主義，如公司、合作社等須依
　　公司法或合作社法之規定。

③公益目的性的社團及財團於法人登記前，尚應得目的
　　事業主管機關許可，採取許可主義，以防濫設。至所
　　謂主管機關，指主管法人目的事業之行政機關，如慈
　　善事業屬內政部，文化事業屬教育部。

　　有關社團與財團法人的屬性區別，可參照**表9-1**。

二、法律關係客體──物及行為

(一)物

　　物者乃人身以外，由人力所支配，而能滿足生活所必需的
獨立物體。如星球、一滴水等無法支配或滿足需求，故非法律
之物；人體內的心臟屬於人身，亦非法律之物。

　　物的分類在學理上有融通與否（如公有或違禁物乃非融通

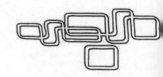

表9-1　社團與財團區分表

區分	社團	財團
基礎不同	人（社員）	錢（財產）
目的不同	目的較廣，可爲營利、公益	以公益爲限
機關不同	擁有意思機關（總會）與執行機關（董事）	僅有執行機關（董事）
設立人角色不同	設立人享有社員權	捐助人與財團分離而無任何權利
性質不同	目的組織易變更，富有彈性，爲自律法人	目的組織富有固定性，爲他律法人
解散方式不同	除法院外得經社員三分之二以上同意	由主管機關宣告解散
區別實益	公益社團採許可主義，營利社團多數採準則主義	採許可主義

物）、可分與否（如不能分割之牛、馬）、可消費與否（如衣服、書本爲非消費物，不同於一經使用即歸消滅的米、油、飲料等消費物）、單一或合成或集合等區分，下述則爲基本而重要的法學概念：

1.動產與不動產

　　動產者，爲土地及其定著物以外之物，如車輛、電話等。不動產者，爲土地及其定著物，定著物係指在土地上繼續附著與具有經濟效用者，如房屋、橋樑等。此外不動產出產物，尚未分離者，乃爲不動產的部分，如尚未砍伐的樹木、尚未採收的水果。

　　動產與不動產的區別很重要，在動產物權移轉是因交付生效，買賣如尚未交付動產，則買方尚非取得所有權（**註2**）；不

註2：動產交付手續有事實不便之處，民法另作三項補充適用規定：

　　1.簡易交付：如受讓人已先占有該動產，只須讓與合意時，即生轉讓效

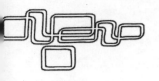

動產移轉必須辦理登記始生效力，買賣不動產如未加以登記，則買方並未取得所有權，此因不動產多係價值貴重者，必須登記以杜爭議。

2.主物與從物

「主物」係指具有獨立效用之物，如車輛、房屋等。非屬主物成分，常助主物的效用而且同屬於一人者，則爲「從物」，如車輛備胎、教室的黑板、手錶的錶帶等；是否爲從物，一般係依社會習慣決定（諸如買信封沒有人在送信紙、買領帶沒有人在附贈領夾、買衣服一般商場亦不以爲應含有衣架等，可資參考）。

區分主物與從物，價值在於處分主物的效力，及於從物。故所有人將主物出賣時，其處分當然及於從物，而應將從物一併交付與買受人。如購買鎖當然附含鑰匙。

3.原物與孳息

孳息者，原物或原本所產生的收益。如李樹生李、本金生利息等。孳息因其產生方式，可以區分爲天然孳息與法定孳息。天然孳息，指果實、動物的產物，及其他依物之用法所收穫的出產物（如礦坑所採金礦）；法定孳息，指利息、租金，及其他法律關係所得的收益（指他人利用本人提供的原本，從而所支給的一種對價）。

區分原物與孳息，其目的在於確立原物所有人取得所有權

　力。

2.占有改定：雖讓與，但讓與人因暫有需要而仍使用者，得定契約使受讓人以「間接占有」代替交付。

3.指示交付：動產現在第三者手中，將返還請求權讓與「受讓人」（即可以指示第三者應將物返還交給受讓人）。

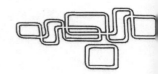

權利存續期間的孳息。

(二)行爲

　　法律關係的客體尚有行爲，即依據法律，一方得請求或支配他方一定作爲或不作爲。如因僱傭契約而形成僱傭關係，則僱用人得請求受僱人服勞務的行爲，此際服勞務的行爲即爲此法律關係的客體標的。

　　這項行爲標的內容，包括積極行爲的「作爲」與消極行爲的「不作爲」。如債權人基於債的關係，得向債務人請求給付，而此項給付便是債務人的作爲。至於消極不作爲，如約定不抽菸則贈與手機乙隻，約定期限內的戒菸行爲便是標的；再如自己的土地被設定爲「公共地役權」時，必須忍受自己的土地不能蓋屋、遮攔等。

第二節　法律關係之內容

　　法律關係的核心，即爲權利及義務，權利是法律所積極賦予其人的一種力量，義務是法律消極科其人以負擔的一種拘束。這種藉由法律規範權利義務的社會秩序，便構成法律關係，而成爲人類共同生活的一大重心。

一、權利基本內涵

(一)權利的意義

　　權利的本質或謂是「意思」的自由與支配、或謂是法律所保護的「利益」，但以「可享受特定利益的法律上之力」爲通

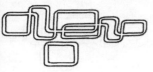

說。權利既以享受法益爲目的,而法律上之力,便可用以對抗他人,茲進一步闡釋「法力說」的特色:

(1)權利是法律所創造,且爲法律許可當事人可主張之力,目的在保護特定利益。此種利益乃是法律上的特定利益(法益),不以金錢上的利益爲限,舉凡一切滿足人類精神或物質上的力量,可說皆包含在內。

(2)權利與反射利益不同。反射利益乃因法律規定或政府施政結果,非針對某特定對象而來,乃可使普遍人民因而獲利。如政府拓寬公共道路、興建垃圾場,人民享受此公共設備而改善其生活。反射利益並非專屬於特定人,若國家將該公共設施除去,人民不得以侵害既得權爲理由而提出控訴。權利可依法主張與反射利益乃被動享受,二者有根本法益的存否差異。

(3)權利意識是法治建設的基礎。「不要讓自己的權利睡著了」,這項權利意識必得深入人心,法治精神才有可能落實於社會。如人人秉著法前一律平等,乃能勇於堅持自己的應有利益,則自主性與責任心必提升,同時尊重法律、善用法律的結果,自有助於法治國家的建立。

(二)權利的類型

權利既係法律所規範的力量,則依據公法,如憲法、行政法、訴訟法及國際公法等,大致即屬「公權利」;如依據民、商法等私法,則爲「私權利」內涵。

1.公權

公權利所涉的法域,可包括國內法上和國際法上公權兩

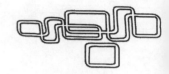

類。而國際法上的國家公權，主要係來自與政治密切相關的國家主權，這也即是國際法人格，如國家獨立權的不受外力干涉、國家在國際事務上的平等權（聯合國憲章第2條）、國家必要的防衛生存權等。至於攸關人民社會生活的國內法上公權，可區分為國家（由政府代行）所擁有和人民所擁有兩者，茲分別簡介於下：

(1)國家擁有的公權。這便是統治權的作為，主要分為：

①下命權：即要求人民為特定行為或不行為的權利，如徵兵、課稅、不得為吸毒殺人等犯罪行為。

②制裁權：國家對於違反法律或命令者，有制裁的權利，如人民犯罪的科刑、逃漏營業稅的限制出境。

③形成權：使他人形成擁有某種法律上力量，或國家參與其形成運作的權利；如任命某人為公務員，使具代表國家為某種行為的權利，或依銀行法核可某銀行的設立等皆是。

④公法上物權：公物權為固定存在於特定有體物，而可對抗世人的公法上權利，故又稱為公法上物權。此種權利又可分為三種：A.相當於所有權，例如國境內的湖、海、河、川為國家所有，國家對此有使用、收益及處分的權利；B.相當於使用物權或限制物權，例如國家徵借私人土地作為公用；國家將特殊景致區劃定為國家公園或水源地、保育區，不許任意變更原狀或開發、污染；C.相當於擔保物權，例如稅務機關將欠稅物品扣留，以為繳稅的擔保。

⑤公企業經營權：公企業的經營權為國家對於某種公共

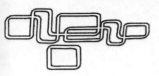

企業有專營權利，例如電燈、自來水、郵政、電信及其他有獨占性質的企業等經營權均是（法律許可時，可為民營，如電信法使電信局改為民營的「中華電信公司」）。

(2)人民擁有的公權。這是憲法上所保障的「基本人權」，在不妨害社會秩序和公共利益下均受憲法的保護，大致可區分為自由權（人身、精神與群體自由）、平等權（如男女、宗教、種族的不受歧視待遇）、受益權（如受教育、得訴願及訴訟、生存工作財產權的維護）、參政權等四大領域，詳見本書個論的憲法要義說明。惟公權意謂人人所應擁有的權利，如從其單一個人角度，則常常即形成個人所應獲得的私權保障。

2.私權

私權所涉的法域，大致依民法規定，可知有人格權、身分權、財產權等具體內容，如進一步就權利作用分析，可區分為支配權、請求權、形成權與抗辯權。（註3）

註3：權利的分類，在法學上較重要者，尚有：

1.對世權與對人權：這是以權利的效力範圍為標準，可分為絕對權與相對權兩種。絕對權，乃為權利效力得對抗一般世人的權利，故稱為「對世權」，如人格權、物權的特性即是；相對權，係以請求特定人為一定行為或不行為的權利，稱為「對人權」，如債權無關乎債務人以外之人。

2.主權利與附屬權：這是以權利的相互關係為標準，可分為獨存權與附屬權兩種。獨存權是主權利，即不受他種權利影響，而獨立存在者，大部分的權利均屬之。附屬權乃是從權利，即以主權利存在為前提，而始能存在，例如抵押權以債權的存在為前提。

3.原權利與救濟權：這是以權利發動順序為標準。原權利，亦稱第一

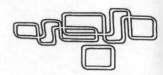

(1)人身權與財產權。這是依私權利實體內容為區分標準：

①人身權：以人身上的利益為內容，是與人身不可分離、拋棄、讓與或繼承的權利。

　A.人格權：存於權利主體一人身上，係為保障人格的完整不受剝奪，其內容包括生命權、身體權、名譽權、信用權，及姓名、肖像、貞操、隱私等權利。

　B.身分權：存在兩個權利主體間，基於血緣或婚姻關係所發生，亦稱為親屬權，如家長權、監護權、繼承權、受扶養權等不得移轉的專屬權利。

②財產權：人身權以外的有形或無形而具經濟利益的權利。其內容廣泛而可分為下列四項：

　A.債權：債權人對於特定債務人，得請求為一定作為或不作為的權利，如賣方請求買者付款。

　B.物權：權利人直接支配管領特定物，並具有排他性的權利，如物的所有人，得自由使用、收益、處分其所有物，並排除他人干涉。物權本於「物權法定主義」原則，當事人不能自由創設物權種類或自由約定物權內容（民法物權只有：所有權、地上權、永佃權、地役權、抵押權、質權、典權、留置權等八種）；且其移轉或設定負擔，須依法律明定的方式（即前述不動產物權須以書面，並經「登記」，而動產以「交付」為要件）。

　C.準物權：在礦業法、漁業法等特別法規中，將採礦

權，乃法律直接賦予的獨立權利，例如所有權。救濟權，亦稱第二權，乃因原權利受侵害時發生的權利，例如損害賠償請求權。

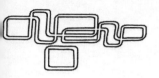

權、捕漁權等視同物權（尚如原住民的打獵權），而準用物權的支配、排他等法律私權保護。

D.無體財產權：即以人類精神的創造物爲標的之權利，主要有著作權、專利權、商標權、商號權等。無體財產權多應經主管機關註冊登記後始可獲得保障，但著作因已改採著作權創作主義，縱未登記，亦受著作權法保護；另如營業秘密法（客戶資料、配方、程式等）、電腦個人資料保護法、積體電路佈局保護法，則均另依其法律而有保障的規定方式。

(2)請求權、支配權、形成權與抗辯權。這是依私權利的作用特性爲區分標準：

①請求權：得請求他人爲一定的作爲或不作爲的權利。債權多表現爲請求權關係者，如車禍的受害人對加害人得請求損害賠償；請求權也有由物權關係發生者，如物的所有權人得請求他人返還其所有物。請求權也有由親屬關係發生者，如夫妻一方不堪同居虐待，得請求法院判決離婚；直系及親密親屬間，得基於雙方經濟能力而請求予以扶養。

②支配權：得直接支配權利客體，並且排除他人干涉的權利。如物權中的所有權、地上權等均具有支配權作用；親屬權中也有支配權的作用，如懲戒子女權。

③形成權：當事人單方的意思表示，使法律關係因而發生、喪失或變更效力的權利。使尚未生效的法律關係生效，如「限制行爲能力人」未得法定代理人允許訂立的契約，經法定代理人承認生效。使已生效的法律

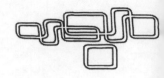

關係變更，如數宗給付中，由債權人行使了選擇權，使債的關係即變為特定而確立，如加油時的多種贈品之選擇。使已生效的法律關係乃歸於消滅，如契約一方行使解除權，契約即溯及失效。

④抗辯權：得對抗他人行使請求權的權利。一為得永遠拒絕履行的永久抗辯權，如時效消滅的債務。二為暫時性抗辯權，如契約相對人所擁有的同時履行抗辯權（俗謂：一手交錢、一手交貨）。

二、義務基本內涵

(一)義務的意義

義務係與權利相對應的概念，多數學者採行：義務乃法律上所課作為與不作為拘束的「法拘束說」。一方面被拘束者必須有履行的行為，而不能由其隨意變更或免除；另方面此為法之拘束而不同於道德、禮俗或宗教等的規範力，若違反者將受強制制裁。義務對應權利，而亦有公法上義務和私法上義務的分別，前者如憲法規定的納稅義務，後者如民法規定的夫妻互負扶養的義務。

(二)義務的類型

就同一事務來看，有權利者必有義務，有義務者必享權利，二者實互為表裡，故就義務分類，實可比照權利而得。惟公法上的義務僅多係概括性的對應權利，有必要再加以扼要介紹：

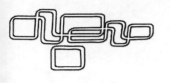

1.國際法上的國家義務

　　依聯合國憲章（第2條）和世界人權宣言等國際法，一個擁有主權的國家應遵守下列義務：禁止干涉他國內政、避免行使武力解決糾紛、保障人權、禁止承認他國以違法手段擴占的領域、尊重國際規約等和平主義內涵。

2.國內法上的國家、人民義務

　　國家既得行使統治權，其所應盡的義務，自應依服務行政、福利國家的精神，使人民得享生活的幸福。至於人民方面則依憲法明定，應盡納稅、服兵役、受教育及其他守法的義務。

第十章
司法制度

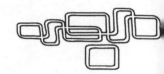

第一節　司法體系

　　司法制度的介紹，應含括司法組織及訴訟制度。二者的主要功能，站在法治國家言，如民訴旨在仲裁人民私權紛爭，刑訴、行政訴訟偏向維護人民公權法益，釋憲則可避免政府專制妄作；而其中扮演司法的機關與成員，正是法律的實定維護力量。總之，司法制度無非在落實保護人民的權利，和維護社會秩序，本章首述司法機關及成員。

一、普通法院

　　司法院管轄各級法院（**圖10-1**）、行政法院及公務員懲戒委員會，同時依憲法規定設有大法官十五人，這些司法機關與一般行政機關多採首長制的型態不同。依我國憲法第80條、81條規定精神，具有組織獨立、審判獨立及受終身職保障的人事獨立等特色，並依大法官多次解釋，以行政法院評事、公懲會委員均視同狹義的普通法院法官；至於大法官則有八年任期且不得連任的限制，惟就前述三大獨立精神則多近乎相同。

(一)三級法院

1.地方法院

(1)設置標準：直轄市或縣（市）設地方法院，但得視其地理環境及案件之多寡增設地方分院，或合設地方法院，或將其轄區的一部分劃歸其他地方法院或其分院，不受行政區劃分限制。

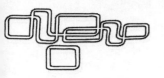

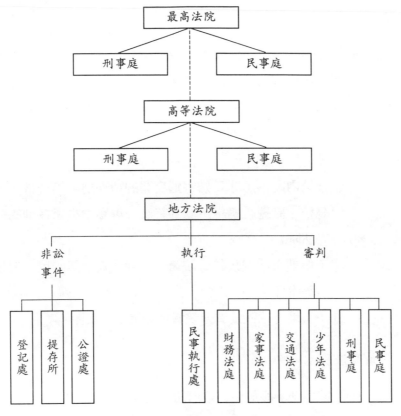

圖10-1 我國之法院組織

(2)職權：管轄民事第一審，刑事第一審，非訟事件及公職
人員選舉訴訟第一審，並得設簡易庭，掌理簡易訴訟。
另就勞資爭議處理法、少年事件處理法、道路交通管理
處罰條例、檢肅流氓條例及財務案件處理、家事事件處
理等所涉專業案件，得指定專人或專庭處理。而除有一
般法官、書記官外，並廣設有候補法官、法官助理、公
設辯護人、觀護人、公證人及佐理員等成員

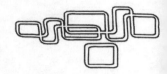

2.高等法院

(1)設置標準：省、直轄市或特別區域各設高等法院，但得視其地理環境及案件多寡增設高等法院分院，或合設高等法院，或將其轄區的一部分劃歸其他高等法院或其分院，不受行政區域限制。

(2)職權：

①管轄內亂外患罪及妨害國交罪的特別刑事第一審，與總統、副總統選舉訴訟的終審（專屬中央所在地的高等法院）。

②不服地方法院及其分院第一審判決而上訴的民、刑事訴訟案件。

③不服地方法院及其分院裁定而抗告的案件。

3.最高法院

(1)設置標準：設於中央政府所在地。

(2)職權：

①受理民、刑案件、非訟事件等終審。

②不服高等法院及其分院裁定而抗告的案件。

③選編判例。

(二)法官

　　法官係經由司法特考錄取任用，為終身職，除非受刑事或懲戒處分或禁治產之宣告，不得免職。非依法律，不得停職、轉任或減俸。故而法官僅適用自願退休規定，不得命令退休，法官遇有無法辦理案件的情況時，可停止辦理案件，但仍支領

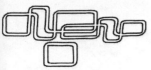

法官薪額，這些乃是法官優遇制度。此外法官依憲法規定須超出黨派以外，依據法律獨立審判。所謂超出黨派以外，學理上多以法官可有黨籍但不能參加政黨活動，並且審判時應立場客觀超然，不受政黨意識的影響。至於依據法律，尚含括與憲法或法律不相牴觸的有效規章或法規釋示的行政命令，均得為審判的依據。

目前我國制度，地方法院係以法官一人或三人合議審判，高院法官三人審判，最高法院則係採五人合議審判，各級法院均設綜理院務的院長一人，並另有佐助的書記官、通譯、執達員、檢驗員、庭丁及司法警察各若干人，而這些人員掌理司法行政事項（非審判權行使），皆受院長指揮監督。此外，法院（尤其在地方法院）另設有公設辯護人、觀護人、公證人、少年調查官與保護官等，及必要時得置法官助理，承法官之命，辦理訴訟案件程序的審查、問題分析、資料蒐集等事務。

二、司法院大法官

司法院大法官組織的設立，主要功能乃在於憲法規範的內含與外延控制，也就是負責下階法令的合憲性或違憲性的審查，可說是「憲法的守護神」；至若其尚有的統一解釋法令此項職權，似宜改交由最高法院比照「判例編審」模式處理；此外大法官會議尚仿照德國作法，享有違憲政黨審判的解散權。惟上述三項職權，大法官均本司法的「不告不理」精神，而扮演一種被動的職權角色。

(一)組織與成員

司法院大法官組織（因大法官會議法已改為「大法官審理

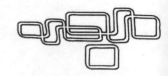

案件法」，以彰顯其類如審判案件的司法性格，論者主張應依美國直呼聯邦最高法院大法官般，以司法院大法官替換大法官會議名稱），由大法官十五人組成，任期八年，因憲法為高度的「政治法」，故大法官不宜皆來自保守的法律系統人才，而引用政治任命制度，以能用開創宏觀視野，闡明憲法與時俱進的精義，故係由總統提名經立法院同意後任命，並且施行有「期中任命制」作法，每隔四年，即有約一半成員更換，而並為司法院正、副院長的大法官，更無任期的保障，宛如政務官角色一般。大法官選任的個人資格，依司法院組織法規定為：

(1)曾任最高法院法官十年以上，而成績卓著者。

(2)曾任立法委員九年以上，而有特殊貢獻者。

(3)曾任大學法律主要科目教授十年以上，而有專門著作者。

(4)曾任國際法庭法官或有公法學或比較法學之權威著作者。

(5)研究法學富有政治經驗聲譽卓著者。

具有前項任何一款資格的大法官，其人數不得超過總名額的三分之一。

(二)釋憲制度

釋憲權如賦予普通法院，隨具體個案審判中行使者，為「分散制」（diffuse system），如美、日及阿根廷、墨西哥等拉丁美洲國家；如係由國家專設違憲審查機關者，如奧地利、德、法等歐陸國家憲法法院（審法審議會），則係「集中制」（concentrated system）。二者模式雖因國家憲政及環境條件不同

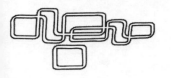

而有異，但在人民基本權利維護上精神則一致。

1.聲請解釋

我國專設大法官負責釋憲，自屬「集中制」，同時因政府機關、人民、立法委員及各級法院的法官皆可聲請釋憲，故兼具對具體個案及抽象法規的兩種審查、解釋形式（參見第七章第一節）：

(1)中央或地方機關，係爲其行使職權適用憲法發生疑義的各類情況，多屬抽象法規審查形式。

(2)人民、法人或政黨，係經依法定程序提起訴訟的法令牴觸憲法疑義者，乃是針對具體個案審查。

(3)立法委員，就其行使職權適用憲法，或適用法律發生牴觸憲法的疑義者，多係對抽象法規文義提請審查。

(4)最高法院或行政法院，就其受理案件，得聲請解釋，係屬對具體個案的審查。

(5)各級法院法官，依釋字第371號，擴大第(4)項內容而解釋，法官於審理案件時，對於適用的法律，依合理的確信，認爲有牴觸憲法的疑義時，得以裁定停止訴訟程序，聲請解釋。此實係廣開我國具體個案審查的大門。

司法院大法官受理聲請，以三人小組審查是否適格，合於聲請規定者，即由三人小組起草解釋文，提交大法官集體會議討論，以三分之二出席，出席三分之二的同意爲通過（統一法令解釋則爲二分之一出席，二分之一通過）。

2.解釋效力

解釋效力，即爲違憲審查的「非難權」，包括對所適用法條拒絕適用和宣告爲無效兩種。美、日分散制於係爭個案中乃對

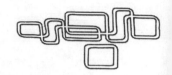

違憲法規拒絕引為裁判依據（註1），而我國既屬德、奧的集中制，自採專審機關對違憲法律逕予宣告無效，惟此無效並非民法的自始無效說，而是「即時失效」，並且大法官會議為顧及立即失效恐造成一時法律真空的無規範，常採訂有緩衝時期的落日條款，如釋字392號檢察官羈押權於解釋公布屆滿二年的「定期失效」。

三、行政法院及公懲會

(一)行政法院

行政權的肥大化，是當前國家的趨勢，從而行政權的侵犯人民，便是一項法治國家應特別留意的現象，我國於民國88年修改「行政訴訟法」，將行政法院改制成二級二審，並引進情況判決（可判人民敗訴，但行政機關應賠償或補償人民損失，此有助人民抗爭圍場事件的緩和），即在強化行政救濟的功能。各級行政法院均隸屬司法院，以「評事」掌理審判，其保障與給與均準用一般法官（推事）的規定。

1.高等行政法院

(1)設置標準：省、直轄市或特別區域各設高等行政法院，但得視其地理環境及案件多寡，增設高等行政法院分院，或合設高等行政法院。

註1：美、日的「個別效力說」，雖係對於繫屬法院的個案審查，而拒絕該違憲法令的適用，但因判例制度的運作，一旦該法令受終局最高法院拒絕時，自亦形成全國拘束力，而使其效力形同集中制的「一般效能說」，發生對世無效的普遍效應。

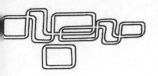

(2)職權：

　　①不服訴願決定提起行政訴訟的審理。第一審採言詞辯論原則（事實審）。

　　②高等行政法院必要時得設專業法庭，高等行政法院審判，採法官三人的合議，但簡易訴訟程序以法官一人獨任。

2.最高行政法院

(1)設置標準：設於中央政府所在地。

(2)職權：

　　①不服高等行政法院判決或裁定而上訴或抗告的案件。行政訴訟第二審採書面審。

　　②選編判例。

　　③最高行政法院審判案件，採法官五人的合議決定。

(二)公務員懲戒委員會

　　公懲會係懲戒受監院彈劾的公務員，追究的責任性質傾向行政責任（政務官則亦可能是政治責任），故將之隸屬於司法院（司法體系自係追究法律責任），似欠妥當！況層級甚高的監委發動彈劾，但卻無議處懲戒的權利，而由公懲會裁決，亦不無可議的地方，故釋字396號或即有鑑於此而指出：「應就公務員懲戒機關之組織、名稱與懲戒程序，併予檢討修正。」

1.設置標準

(1)設委員長一人，委員九至十五人，年齡均需在三十五歲以上，委員中應有三分之二以上曾任司法官或行政法院法官。委員行使職權不受任何干涉，其保障與給與，準

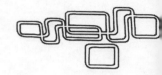

用法官（推事）的規定。

(2)懲戒案件採合議制，以委員長為主席；委員長因事不能出席時，由委員長指定一人為主席。

2.職權

(1)凡公務員（不包括民意代表）因違法、廢弛職務或其他失職行為而受彈劾者，應移送公務員懲戒委員會懲戒。

(2)被移送的公務員原則上僅需提出申辯書，必要時始通知其到場申辯，對於懲戒審議的結果不服，無從上訴，但可提出「再審議」聲請。

(3)應予懲戒者，按其情節輕重，處以撤職（一年以上停止任用）、休職（半年以上）、降級（一～二級）、減俸、記過、申誡的處分，惟政務官僅適用撤職、申誡二者。

(4)我國採刑、懲並行制，有刑事嫌疑者，應另函送該管法院或軍法機關審理，但不停止本身懲戒程序的進行。

四、檢察官與律師

在司法體系的運作中，非常重要而為一般人民所熟悉者，尚有刑事上的檢察官，其角色功能或有被誤解為法官情形，有必要加以釐清敘明。另外律師常代理人民和法人的訴訟，素質的良窳與否，亦攸關一國司法正義及效率，也是探討司法體系不可忽略者。

(一)檢察官

檢察官無審判權，隸屬於行政院的法務部，可說是一種司法行政人員，由於可代表國家向侵害該國家的社會或人民法益

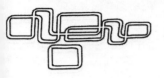

的犯罪者提起公訴，故亦有謂爲「國家的律師」。本身設於各級
法院所附帶配置的檢察署，受行政系統的指揮監督，其職權的
行使與原則如下：

1.職權

(1)偵查犯罪：檢察官因被害人告訴、第三人告發、犯罪人
自首或其他情事（如親眼目睹），知有犯罪嫌疑者，應即
開始偵查。

(2)提起公訴：檢察官依偵查所得的證據，認爲被告有犯罪
嫌疑者，得代表國家提起公訴，具體請求法院科處被告
刑責。但若有證據不足、被告已死亡、追訴時效已消滅
等原因，應爲不起訴處分。

(3)實行公訴：檢察官對刑事案件提起公訴後，代表國家爲
原告，與被告同爲訴訟當事人，故審判期日檢察官應出
庭陳述起訴要旨，就事實及法律參與辯論，若對於法院
判決不服，並得提起上訴。

(4)協助與擔當自訴：犯罪的被害人如係提起自訴，檢察官
於自訴案件中雖非當事人，檢察官亦可於審判日出庭陳
述意見。如自訴人在辯論終結前死亡或喪失行爲能力
時，檢察官即承襲自訴人的地位而擔當自訴，使訴訟程
序得以繼續。

(5)指揮刑事裁判執行：對於刑事判決結果，由檢察官指揮
有關單位執行，如發監服役、精神病院監護。

(6)檢察總長提起非常上訴：在判決確定後，如最高法院檢
察總長發現該案件的審判違背法令（不適用法令或適用
不當）時，得向最高法院提起非常上訴，就已確定判決

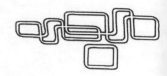

再行審決。

(7)其他法令所定職務：如聲請法院對相關人為死亡宣告、禁治產宣告，向法院聲請解散違反法律或公序良俗的法人。

2.檢察指揮一體原則

全國檢察機關構成一個整體，在組織及檢察官職權的行使上，如前所述，形成一般行政機關的上下隸屬與命令服從的關係，此與審判時對外不受任何干涉的法官不同。此項「檢察一體」具有幾項特色：

(1)命令服從：檢察總長依法指揮全國各級檢察署檢察官。檢察長依法指揮監督該署及下級檢察署檢察官。

(2)事務轉移：前述長官得將其所指揮監督的檢察官事務，移轉於其他檢察官處理。

(3)職務承繼：前述長官得親自處理其所指揮監督的檢察官事務。

(4)越境權：原則上檢察官在所屬檢察署管轄區域內執行職務，但遇有緊急情況時，不在此限。

(5)上級指揮權：有監督權的長官，可對被監督者的職務有關事務，發注意命令或加以警告。

(二)律師

隨著社會現代化的分工與追求效率，面對法律日趨繁多複雜，一般人民要主張法律的保護權益，不免需要專精的代理人來處理。故律師的功能，實大有助一國司法運作的健全，誠如「律師法」所開宗明義：「其任務在提供法律專長，服務訴訟當

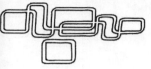

事人，以保障人權、實現社會正義及促進民主法治。」

1.設置標準

(1)律師資格取得：一種是參與國家的律師高考而錄取者；另一則是曾任法官或檢察官、大學法律專任教授（副教授）、軍法官等（細節詳見律師法），而經檢覈通過者。

(2)執業登錄：律師得向四個地方法院及其上級高等法院聲請登錄，亦可向最高軍事審判機關登錄，以爲業務的執行範圍。

(3)行政制裁：律師有違法失當或敗壞風紀的行爲，如賄賂或不服從法庭秩序等，依「律師法」得罰以：警告、申誡、停止職權二年以下及除名四類懲戒，由高院所設律師懲戒委員會（高院法官三人、檢察官一人及律師五人組成）及最高法院的覆審委員會議處。

2.職務

(1)法院訴訟代理：律師主要工作爲接受他人的委任處理法律事務，如爲民事訴訟的代理人，或爲刑事訴訟的辯護人，在法庭上代理當事人或替當事人辯護，以爭取該當事人的正當權益。

(2)法律事務處理：如爲當事人訂立契約；提供當事人法律諮詢意見，藉資預防爭議和保障權益；參與法庭外的公斷與仲裁等。

(3)其他職務：如工商登記、土地登記、專利代理及公司查核簽證、爲他人管理財產等。

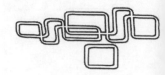

第二節　訴訟制度

　　訴訟制度乃依據主要訴訟法規而建立，訴訟法乃規定訴訟程序的公法，人民的權益受到侵害，可依有關程序法請求國家給予救濟。一般而言，訴訟自應有爭議對造，而不能憑空假設，故如為試探法院的可能觀點、共謀的友誼性捏造互告、純屬猜測事項，均不宜作為裁判客體，此即訴訟應建立在「訴之利益」（standing）的前提，如無具體訴訟利益者，法院不應受理。

　　從而行政法上權益受侵害時得依行政訴訟法請求救濟；民法上權益受侵害者得依民事訴訟法請求救濟；刑法上所保障人民、社會及國家的法益，受侵害者得依刑事訴訟法請求救濟。此外在民事糾紛上，尚可經由「鄉鎮市調解委員會」的調解（調解書可作為金錢債權強制執行名義）、勞資爭議仲裁委員會的仲裁，以及法院對輕微事件起訴前的調解和訴訟中的試行和解，甚至當事人間只要約定互相讓步而訂立「和解契約」（就和解事項起訴，相對一方可以和解書抗辯，同時如係刑事告訴乃論罪，經雙方協議以金錢等亦可和解撤訴），均可產生法律效力，而達到非審判方式的解決紛爭。

　　本節擬合併民、刑訴訟重要規定，加以對比說明（行政訴訟請參閱個論的行政法介紹）。

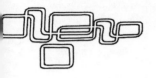

一、管轄法院

(一)民訴

1.專屬管轄

民事訴訟法有明定某些案件應向特定法院提出者，從其規定：如親子訴訟專屬子女所在地、死亡宣告專屬失蹤人住所地、不動產物權涉訟專屬不動產所在地等的法院管轄。

2.合意管轄

其次應看雙方當事人是否有事前以合意決定第一審管轄法院。

3.土地管轄

無上述兩種情況，即依「以原就被」原則，原告應向被告住所地的地方法院提起訴訟。

(二)刑訴

1.土地管轄

刑事案件由犯罪地或被告的住所、居所或所在地（以原就被原則）的法院管轄；在中華民國領域外的中華民國船艦或航空器內犯罪者，船艦本籍地、航空機出發地或犯罪後停泊地的法院亦有管轄權。

2.事務管轄

以刑事案件所犯罪名不同，而定各級法院管轄刑事案件的範圍。地方法院管轄事件，為一般刑事第一審訴訟案件；高等法院管轄事件，為關於內亂、外患及妨害國交、殘害人群等刑事第一審訴訟案件。

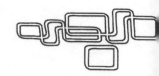

二、訴訟標的

(一)民訴

民事訴訟為私權爭執的解決，如債權、物權、親權等的權利滿足，當事人主張有利於己的事實，負有舉證證明的責任。

(二)刑訴

刑事訴訟為罪刑有無的認定，有國家追訴與私人追訴兩種型態：

1.公訴

由檢察官代表國家執行犯罪追訴權，請求法院科被告以刑罰。檢察官行使偵查權，調查相關證據，如確認有犯罪嫌疑即提起公訴。檢察官犯罪偵查主要原因有：

(1)告訴：犯罪的被害人、法定代理人、配偶，以被害的事實，向檢察官或司法警察以書狀或言詞，要求偵查和請求追訴。若屬刑法上告訴乃論之罪，告訴人必須有表示訴追的意思，檢察官才能提起公訴。（註2）

(2)告發：被害人及其他有告訴權人以外的「第三人」，或公務員因執行職務知有犯罪嫌疑，而向偵查機關報告犯罪情事。

註2：現行告訴乃論之罪包括：配偶間犯強制性交（妨害性自主）罪、未滿十八歲者對十六歲以下者為性交或猥褻罪、血親性交罪、詐術結婚罪、通姦罪等，加暴行於直系血親、普通傷害、過失傷害、妨害名譽及信用、侵入住宅、妨害秘密、毀損文書器物或債權等罪。此項告訴應自得為告訴的人知悉犯人的時候起，於六個月內提出，逾期即不得告訴。

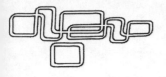

(3)自首：犯罪人於犯罪被發覺前，自行向偵查機關報告自己犯罪事實，並接受法律的制裁（自首者減輕其刑）。

(4)其他情事：如司法警察官移送犯罪案件，或檢察官本身因報章、雜誌、網站的披露，親聞、目睹等而知悉犯罪嫌疑者，皆可自動調查。

2.自訴

自訴，乃因犯罪而直接受到加害的被害人，向法院以自訴狀方式，請求法院對被告科以刑責之訴。對於直系血親和配偶、已經檢察官偵查終結案件及告訴乃論已不得為告訴者，不得自訴。

三、訴訟程序

我國民、刑事訴訟程序有關的制度，可參見**表10-1**。

四、判決

(一)民訴

民訴就起訴的不合程序或管轄錯誤，應予指示補正或告知，此外應即為實體爭辯的判決，其判決依所涉內容有三類型：

1.給付判決

即原告要求以判決確定私法上請求權的存在，且命被告履行給付，如請求付車款的訴訟。此訴的判決有既判力，並因判令給付而兼有執行力。

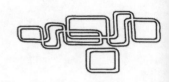

表10-1　我國民、刑事訴訟程序

區分	制度特色	民事訴訟	刑事訴訟
1.訴訟進行	當事人進行主義：訴訟開始、進行、終了及訴訟資料的提出，一任當事人自由，法院不加干涉。 職權進行主義：訴訟進行，由法院決定，不問當事人意思。	以當事人進行主義為原則，兼採職權進行主義。	同民事訴訟，我國刑訴已修改如英美，以原告（檢察官或受害人）與被告對抗及負證明犯罪之責。
2.訴訟行為	言詞辯論主義：訴訟行為，以言詞為主，非以言詞所為的訴訟行為，不得為裁判的基礎。 書狀審理主義：凡為裁判基礎的訴訟行為，均須以書面為之。	以言詞審理主義為原則，書狀審理主義為例外。	同民訴。
3.證據認定	自由心證主義：關於證據的證明力，即證據的取捨與證明力的強弱，由法院自由認定。 法定證據主義：關於證據方法及證據力，均由法律予以規定，法院的取捨，必須受其拘束。	以自由心證主義為原則。	同民訴。
4.審理方式	公開審理主義：法院審理時，一任當事人及訴訟關係人以外的第三者到場旁聽。 秘密審理主義：除當事人及訴訟關係人外，不許第三者旁聽。	以公開審理主義為原則，秘密審理主義為例外。	同民訴。
5.訴訟主體	本人訴訟主義：須當事人本人或其法定代理人自為訴訟行為。 代理訴訟主義：當事人或其法定代理人，不能自為訴訟，應委託訴訟代理人代為訴訟行為。	代理人訴訟主義與本人訴訟主義並用。	同民訴。

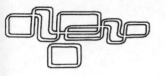

2.確認判決

為原告請求確認法律關係的成立或不成立。此訴可分二種：確認法律關係成立者為積極的確認之訴，如「認領」訴訟；確認法律關係的不成立者，為消極的確認之訴，如「否認親子」訴訟。確認之訴的判決，可確定現在的法律狀態，故有既判力。

3.形成判決

為請求以形成判決，形成法律上某種效果或變更權利狀態的訴訟，如撤銷婚姻。此訴的判決可發生既判力及創設力。

(二)刑訴

刑訴判決情況較為多樣，學理上乃可分為下列說明：

1.不受理判決

法官審理案件，如發現告訴乃論案件超過六個月告訴期間、對被告無審判權、被告死亡等不合起訴要件者，應為不受理的判決。

2.免訴判決

法官審理案件，如發現犯罪已經大赦、追訴權時效已完成、曾經判決確定、刑法已廢止該刑罰等訴訟權消滅的原因時，應為免訴的判決。

3.無罪判決

法官審理案件，因罪證不足無法證明被告有犯罪，或行為不罰時，應為無罪的判決。

4.有罪判決

法官審理案件，證據足以證明被告犯罪時（如人證物證齊全），法官應為罪的科刑判決，或有罪但免刑的判決（如對未滿

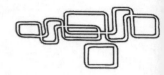

十四歲的犯罪人）。

五、其他

有關我國訴訟制度之其他相關規定見**表10-2**。

表10-2　我國訴訟制度之其他相關規定

	民訴	刑訴
(一)上訴	1.法定請求撤銷或變更原判決的上訴期間爲20天（收到判決書起）。 2.如因上訴所得受的利益不逾100萬元者（得視情勢增減爲150萬或50萬），不得上訴第三審法院。	1.期間10天。 2.最重本刑3年以下、拘役、罰金，及竊盜、詐欺、背信、贓物等罪類型中輕微者之罪，不得上訴第三審（刑訴§376）。
(二)再審	於判決確定後，發現確實的新證據而足以變更判決，由受判決不利益的當事人向「原法院」提出再審，以推翻原終局判決。	1.亦有再審制。 2.另有「非常上訴」。
(三)簡易訴訟	依民訴第427條規定，如因食宿費、運送費、定期租賃、票據請求等涉訟者，由獨任推事以簡易法庭裁決。	犯刑法第61條所列微罪，得因檢察官聲請以簡易法庭判決處刑。

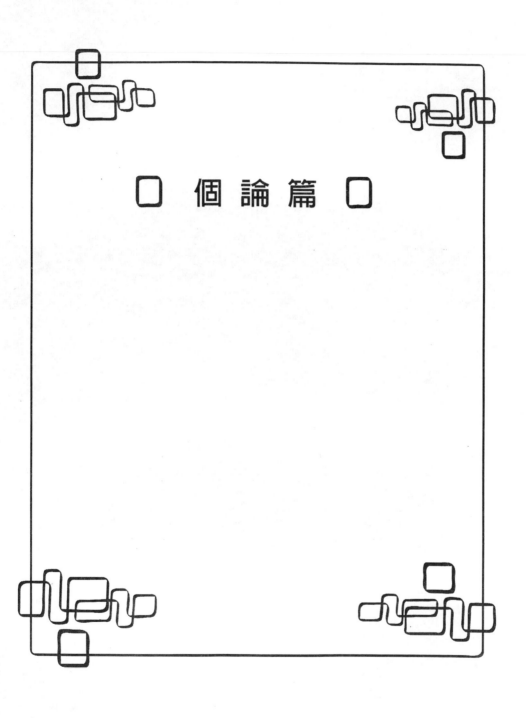

個 論 篇

第十一章
公法系統

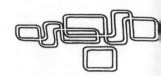

第一節　憲法淺介

　　國家與民族，其一為法治體，另一為文化體。蓋國家係以統治關係為基礎的社群，故必須基於一定組織管理的規則而運作，其中的核心治理原則便是「憲法」。故憲法乃是「規範之規範」，本質上為國家的總構造法。

　　近代憲法的意義，通說以法國人權宣言：「如果沒有保障人民權利、採取權力分立之制度，則可視為沒有憲法的社會。」因此憲法涵義應包括：(1)人民依其自由意志所制定的一國根本大法；(2)明定基本人權保障（Second Constitutional Law 有憲法，必跟隨有人權）；(3)統治機關權力分立而不使集中專制；(4)以成文憲法形式呈現。（註1）

一、人民權利保障

(一)人權思想

1.起源

　　憲法中人權思想的初始論點，認為沒有國家以前有個自然社會，而在此自然社會當中，人人安居樂業，並無彼此劫奪的事情發生，為什麼上古之世沒有國家，而大家能安居樂業？因為自然社會中有個自然法，而自然法足以保障人人應享的生

註1：憲法起於人權的爭取，因此保障人權，和使統治權分離制衡而免於專制，自係其核心目的，及至1919年德國威瑪憲法融合社會主義與民主主義，倡行社會福利而有「基本國策」，現代憲法意義多加上此一福利思想。

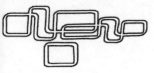

存、自由等自然權利。可見人權係先國家而存在，有其神聖不可侵犯的性質，國家的統治者，不得根據任何理由予以剝奪。

2.影響

　　這種人權乃自然權利觀，十八世紀後期，尤為風靡一時。蓋十七、十八二世紀間，自然法學派盛行，如洛克、孟德斯鳩及盧梭諸氏，皆主張此思想的最力者，以為自然權利，出自天賦，不可捨棄，並因在人民締約組織國家時所保留，故在不侵犯他人權限以內，當為國家所不得加以侵害。1776年美國獨立時之獨立宣言，1789年法國大革命時之人權宣言，均不斷聲明個人自由為不可侵犯的天賦人權，個人自由的保障，乃為現代各國憲法最主要的項目。

　　從史上觀察，這項「作為人的主體資格所應享有的權利」，第一代源自於歐洲文藝復興運動，以「人」是萬物的衡量尺度，強調人的理性與人本精神，從而開啟洛克、盧梭等「自然權利說」、「社會契約論」；十九世紀後，社會主義運動興起，聖西門（Saint-Simon）、傅立葉（Fourier）、歐文（Owen）等人，尤其是世人所熟知的馬克思（K. Marx），強調一般大眾均處於經濟弱勢，而倡導平等權；及至二十世紀一次大戰後，族群的生存權利、國家發展與和平權等觀念興起，在聯合國倡導下，儼然出現以「地球村」（Global Village）為人權思維架構。現代人權觀已從國內保障走上國際保障，除原具有「固有性」（天賦人權）、「不可侵犯性」，更朝向「普遍性」，正如法國瓦薩克（Karel Vasak）所論，三代人權的表癥分別是：自由權利→平等權利→社會連帶權利。

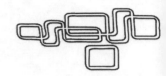

(二)我國憲法上的人民基本權利義務

依人民在國家所處的地位，可將基本權利義務分為：

1.被動地位的義務

人須絕對服從國家的法令，而受國家統治權的支配。由於這種被支配的地位，就發生了人民的義務。

2.消極地位的自由權

國家統治權行使的範圍以外，人民有獨立自主的權利，可以不受國家統治權的支配。這種消極的拒絕干涉作用，就發生了人民的自由權。

3.積極地位的受益權

現代國家不但消極的限制其統治範圍，且又積極的給予人民許多福利，人民可以要求國家行使統治權，依此以達到個人自己的目的。這種請求政府統治權的介入，就發生了人民的受益權。

4.主動地位的參政權

政府係代表國家，政府的意思常違反人民的公意，致令國家的意思不能公正，因此，現代國家又使人民參加國家意思的決定，即參加國家統治權的行使。這種由人民參加國家統治權行使的主動地位，就發生了人民的參政權。

茲將上述基本權利義務整理如**表11-1**。

二、中央政府組織

近代憲政制度的分權理論，來自英國此一憲法母國，洛克主張法律制定與執行的「兩權分立」，但立法權乃一國最高權力所在，立法權優於行政權（含有外交同盟權）；英國本此理論

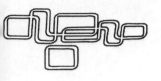

表11-1 我國憲法規定之人民基本權利義務

地位	性質	我國憲法項目
被動	義務	納稅、服兵役、受教育
消極 (不要被干涉)	平等權	男女、宗教、種族、階級、黨派一律平等
	自由權	人身（身體、居住、遷徙） ↓ 精神（言論、講學、著作、出版、通訊） ↓ 群體（信教、集會、結社）
積極 (請求干涉)	受益權	1.行政上（請願、訴願） 2.司法上（各類訴訟權） 3.經濟上（生存、工作、財產） 4.教育上（國民教育等）
主動	參政權	1.服公職 2.選舉、罷免、創制、複決權

※人權光譜由被動而至主動，有權利亦應附隨義務，內容聯繫而互有支援（如參政乃在保障自由，而無自由權又如何落實參政）。

而創設「議會內閣制」，閣員來自議員，二者遇有政治衝突，議會可以不信任投票「倒閣」，內閣則亦可呈元首解散國會，而訴諸大選由民意裁決。

美國因歷史因素，而有民選總統和反對國會獨大，乃依法國的孟德斯鳩「三權制衡說」立憲，使行政、立法、司法三權分立而對抗，彼此互不隸屬，遇有行政與立法衝突，只能任由一方任期屆滿方休，這種權力抑制權力的保護人民自由方式，實與英國為「行政立法聯結制」，以民主（國會代表民主）保障人權的組織運作大不相同，美國乃為「總統制」的先河。

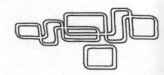

(一)政府的權限功能

我國五權憲法係依「權能區分」原理而來，民國36年施行的中華民國憲法，融合了民主憲政的不同制度精義，大致採用了內閣制的架構；惟民國八〇年代經李總統刻意引導修憲，已朝向總統制發展，「權能區分」實不再能用於詮釋我國當前憲法體制，而五院架構的存廢恐亦面臨改變，但五權的本質實為各國政府多所具有，茲列表供參（**表11-2**）。

(二)我國中央政府架構

我國中央政府架構如**圖11-1**所示，茲說明如下：

(1)我國總統民選，另有最高行政機關的行政院長，如同法國第五共和的雙首長型態，惟總統統率三軍，有戒嚴、緊急命令等大權；另方面掌控行政、司法、考試、監察四院主要人事，並設有國安會、國統會、資政、顧問及各類諮詢機構等，尤其任免行政院長不必經國會立院同意，造成行政院分受總統及立院牽制的矛盾現象，實不如逕改為總統制，以杜權責不清的憲政困境。

表11-2　五權分立的權限功能簡表

權力	行政	立法	司法	考試	監察
功能	國家政策的制定和政策的執行、督導。	制定、修改法律，監督行政，審議國家預算（應發揮民意反映之功能）。	審判訴訟、維護社會正義和法律的安定性、有效性。	公務人員的資格考選，建立適才適用的文官體系。	行使彈劾、糾舉等，建立政治廉正風氣。

(2)依憲法第57條及增修條文第3條明定：行政院向立法院
　負責，行政院除了施政報告、接受質詢、預算受審議等
　外，其一，立法院得以全體三分之一以上連署，過半數
　的同意，通過倒閣，同時行政院在十日內可呈請總統解
　散國會，或是總統經諮詢立院院長後解散國會。其二，
　行政院對立法院通過的法律案、預算案、條約案，如認
　難行而不欲接受時，亦可呈請總統核可而交由立法院重
　新表決（覆議），如立院仍以二分之一以上維持原議，則
　行政院只能接受。

　倒閣與覆議分別是內閣制與總統制的主要重點，兩者兼
　用實顯唐突而混亂，制度是合理比多元重要，況倒閣中
　元首自己可作主解散國會、覆議中國會門檻改為二分之
　一以上（原係三分之二以上），均不尊重各該制度原理，

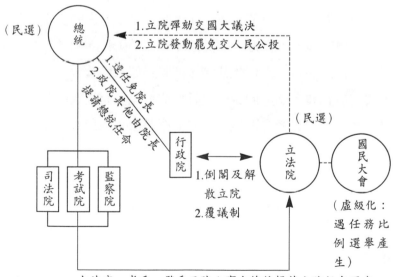

大法官、考委、監委三院人事由總統提請立院任命同意

圖11-1　我國中央政府架構

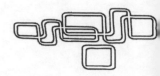

率性修憲終致我國成為憲法實驗的白老鼠國。

(3)國民大會改為虛級化單位，遇有必須複決立法院的修憲案、領土變更案，及議決立法院彈劾正、副總統案時，以比例選舉方式產生，限期一個月完結任務而解散。其實以臨時編制執行三大重要任務，實比原國民大會品質更加危險，民國89年的第六次修憲，為達成國會單一化及受大法官解釋國大第五次修憲無效的刺激，兩週內胡亂調整國大原有權力，卻又留下虛級但危險性高的國大，這種太上國會的設計，不無令人三嘆！未來如再修憲或重制新憲，應記取制度設定不宜雜混、擷取片段，以免制度功能常互抵銷，且形成認同見解歧異。

第二節　刑法淺介

　　過去刑法的法律觀，認犯罪係個人自由意思的表現，故刑罰為一種應報，所謂的「以眼還眼、以牙還牙」，目的在使犯人遭受相當的痛苦。而現代法制，則認為個人係社會一份子，不能獨立於社會，個人的犯罪，社會的環境實有很大的影響，故必須一方面改良社會環境，一方面應設法去除犯人的反社會性格，使社會的成員個人，能適應社會環境。是以現代刑法的目的，偏重教育犯人，使其適合社會的共同生活方式，其方法即為應設法使犯人改善向上，而對其人格及基本自由仍予尊重；因此我國現行刑法的微罪不舉、斟酌科刑、緩刑、假釋及保安處分等，都是考量社會環境或為達成教育功能，以改正犯人的反社會性格為方向。

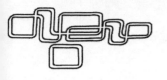

一、刑法規定內容

(一)總則篇

第一章—法例：規定罪刑法定主義、從新從輕原則及刑法之效
　　　　力。

第二章—刑事責任：規定犯罪之條件、違法阻卻之種類等。

第三章—未遂犯。

第四章—共犯：規定共同正犯、教唆犯（間接正犯）、從犯。

第五章—刑：規定刑之種類及範圍。

第六章—累犯。

第七章—數罪併罰：即行為人於裁判確定前犯數罪，由法院併
　　　　合處罰之規定。

第八章—刑之酌科及加減：針對犯罪動機、目的、所受刺激及
　　　　犯罪後態度等為科刑標準，如自首減刑（即指犯人對
　　　　未被發現之犯罪，向該管公務員告知自己犯罪，並接
　　　　受制裁）。

第九章—緩刑：受二年以下有期徒刑、拘役或罰金宣告的人，
　　　　法院認為以暫不執行為適當者，宣告二年以上五年以
　　　　下暫緩執行其刑；若宣告緩刑期間期滿，而未再犯有
　　　　期徒刑以上的宣告者，即免除其刑罰的執行，並使刑
　　　　的宣告失效。

第十章—假釋：乃指犯人尚未屆滿刑期，但已經過一定刑期的
　　　　徒刑執行，而有悛悔實據，得由監獄長官報請法務
　　　　部，允許其提前出獄。在假釋出獄中，若保持善行，
　　　　某未執行之刑，以執行論。

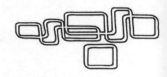

第十一章—時效：規定追訴權及刑罰執行權的消滅時效（如十
　　　　　　年以上徒刑者，追訴二十年、刑執三十年年限）。

第十二章—保安處分：感化教育、監護、禁戒、強制工作及治
　　　　　　療、保護管束、驅逐出境。

(二)刑法分則

(1)侵害國家法益之罪：第一章至第十章所規定者分別為，
　　內亂、外患、妨害國交、瀆職、妨害公務等罪。

(2)侵害社會法益之罪：第十一章至二十一章所規定的公共
　　危險、偽造貨幣、偽造有價證券、偽造度量衡、偽造文
　　書印文、妨害農工商、妨害風化、鴉片販製、賭博等
　　罪。

(3)侵害個人法益之罪：第二十二章至第三十六章所規定的
　　殺人、傷害、遺棄、恐嚇、侮辱、竊盜、搶奪、侵占、
　　詐欺、毀損、妨害電腦使用等罪（惟某些罪，如強盜、
　　海盜、妨害電腦使用等，常係亦構成侵害公眾的社會法
　　益）。

二、罪刑法定主義

　　刑法第1條規定：「對於行為之處罰，以行為時之法律有明
文規定者為限。」如此對於無法律處罰規定的行為，法院即應諭
知無罪，此原則稱為「罪刑法定主義」，有以下四項派生原則：

(一)刑法以成文法為法源

　　論罪科刑既須法律明文規定，刑法的法源自應為成文法。
習慣、法理與學說等在刑法上的地位，依罪刑法定主義原則，

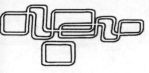

自不能直接成為刑法法源；如不能以當地「兄弟共妻」習俗，而免除重婚罪或通姦罪的成立（英美法系國家，因採不成文法主義，以判例法為其主要法源，是以「判例」在英美法系乃例外成為刑法的主要法源）。

(二)刑法不得適用類推解釋

犯罪行為必須法律明定，若無法律明文即不得任予羅織罪名，強使無罪為有罪，輕罪為重罪的判決，此為罪刑法定主義的精神；故類推解釋，如公共危險罪的破壞舟、車、航空器規定，如類推用於竹筏、汽球等交通工具當為刑法所不許。

(三)刑法不得溯及既往

未經規定處罰的行為，縱行為後法律有所變更，亦不得追溯過去的行為而加以處罰。但如係法律變更問題，即行為時已規定處罰，其後處罰內容改變，對於行為人既有法律地位無所變更（有罪仍是有罪），甚而變更之法較行為當時之法，對行為人較為有利，且更能代表時代精神，法律亦容許其溯及，但仍以有利於行為人者為限。此即我國刑法第2條：「行為後法律有變更者，適用裁判時之法律，但裁判前之法律有利於行為人者，適用最有利於行為人之法律。」

(四)刑法不得有「絕對不定期刑」

罪刑法定主義要求法定刑應有相對的明確範圍，如明定本刑是三年至七年間（此謂：相對不定期刑），以防止法官擅斷，保障個人權利，故不得有絕對不定期刑的存在。

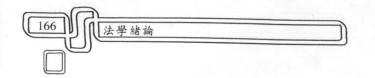 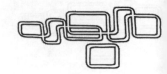

三、犯罪成立要件

(一)行為該當性

犯罪的具體事實，應與刑法個論規定的具體罪名構成要件相符合。若僅單純內在的精神上犯意，或為無意識的動作，除非法律有特別規定，否則不得處罰。

如「內亂罪」，應符合「破壞國體、竊據國土、變更國憲之強暴脅迫」行為；「重婚罪」應係與二人（或以上）同時結婚，或屬已婚後另又結婚的狀況；「偽證罪」必須有在法庭「具結」，而卻作出虛偽陳述；總之以符合那些構成要件，方能初步先行認定為觸犯何罪。

(二)行為違法性

違法性，乃指無發生「阻卻違法」事由。即本屬外觀上符合犯罪構成要件的行為，但因其情況特殊，為法律所容許，乃由法律明文否認該行為違法。下列為「阻卻違法」事由：

(1)依法令的行為：如獄警奉令執行要犯死刑，不負殺人罪責任。

(2)依所屬上級職務命令的行為（但明知命令違法者，不在此限）。

(3)業務上正當行為：如醫生對病人手術開刀，不負傷害罪責任；水電工抓漏拆牆，不負毀損財物之罪。

(4)正當防衛行為：對於現在不法的侵害，為防衛自己或他人權利的行為，在必要程度下，若非過當，不加處罰；

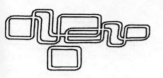

如遇強姦抗拒而傷及犯人。

(5)緊急避難行爲：爲避免自己或他人生命、身體、自由、財產遭遇緊急危難，在不得已情況下所爲的行爲，若不過當，不予處罰；如沈船時，兩人共搶唯一的救生圈。

(三)行爲有責性

行爲人主觀上須具備有責任能力及責任條件二者：

1.責任能力

乃能獨立負擔刑事責任的資格，刑事責任在我國刑法有如下規定：

(1)完全責任能力人：指精神狀態已成熟，且無障礙者，依刑法規定係十八歲以上的人。

(2)限制責任能力人：其違法行爲仍應處罰，但得減輕其刑。依刑法規定，包括：①十四歲以上而未滿十八歲之人；②八十歲以上之人；③精神耗弱人；④瘖啞人。

(3)無責任能力人：即完全不須負擔刑事責任能力者，依刑法規定，包括：①未滿十四歲之人；②心神喪失之人。

2.責任條件

(1)須有「故意」或「過失」：刑法對於有責任能力人的行爲，若非出於故意或過失者，不予以處罰；而過失行爲的處罰，以法律有特別規定者爲限，一般連過失也要罰，自係因所觸犯爲較重之罪則，如過失致死（刑§276）、過失重傷（刑§284）、某些重大公共危險罪（刑法第11章）。

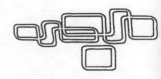

(2)「故意」乃行為人對於構成犯罪的事實，明知並有意使
其發生；「過失」乃行為人雖非故意，但按其情節，應
注意並能注意而不注意者。

四、犯罪類型

我國刑法規定之犯罪類型整理如**表 11-3**。

第三節　行政法淺介

　　國家的統治權運作，在當代頗強調管理和服務，而有給付
行政、福利行政的看法，蓋人民的種種與政府有關的事務，既
普遍而必要，故如何認識政府的作用、組織，如何向政府爭取
合法權益，都是法治國家的人民應有的素養。本節淺介行政法
大意，主要係著重於其原則和攸關人民權益部分，而非廣就行
政組織法、行為法（作用法）及爭訟法三大體系的總論。**(註2)**

註2：行政法的三大領域如下表：

行政組織法	乃規定行政組織的法規。而「行政組織」則指國家為行使行政權、表達國家意思、發揮行政作用、執行行政業務，以行政人員為基礎而結合成行政機關的體系。一切公法人都是組織體，不論中央行政、地方行政及駐外行政機關，體制則有首長制、合議制及混合制。
行政作用法	係指國家或公共團體機關，在從事一切行動時，所應遵守的法律規範。依行政作用目的的不同，可分內政、外交、國防、財政、教育、法務、經濟及交通等行政法，型態則有處分、裁量、制頒命令及行政罰。
行政爭訟法	指人民因行政機關的違法或不當處分，致損害其權利或利益時，請求變更或撤銷原處分，所依據的訴願法或行政訴訟法等。又稱行政救濟法。

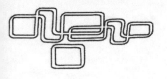

表11-3　我國刑法規定之犯罪類型

	類型	內容	成立要件	罰則
未遂犯	一般未遂	已著手於犯罪的實行，而未發生預期的結果者	1.有著手事實 2.因意外障礙致犯罪結果未發生	處罰須有條文另加規定
	不能犯	已著手於犯罪行為的實行，而其行為不能發生預期的結果者	1.已著手犯罪行為的實行 2.依行為性質，事實上不能發生結果	減輕或免除其刑
	中止犯	已著手於犯罪行為的實行，而因己意中止或防止其結果的發生者	1.已著手犯罪行為的實行 2.由行為人自發中止其行為，或防止其結果發生	減輕或免除其刑
共犯	正犯	二人以上有犯罪意思的聯絡，而共同實施犯罪行為者	1.須有共同犯罪意思 2.須有共同犯罪行為	各為獨立的犯罪，依所犯法條處斷
	教唆犯	教唆他人發生犯意因而犯罪者	1.須有教唆他人的故意 2.須有教唆他人的行為 3.被教唆者原無犯罪意思 4.須教唆者未參與實施	為獨立的犯罪，依其所教唆之罪加以處罰
	從犯	於他人實施犯罪以前或犯罪之際，予以助力，使其易於實施或完成犯罪行為者	1.有幫助他人的意思，但與正犯間無共同犯罪之意思聯絡 2.有幫助他人之行為，但並未施行該罪構成要件（如僅供給詐騙集團資料、銀行搶匪槍枝）	以正犯成立犯罪為前提，處罰得按正犯之刑減輕之

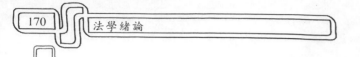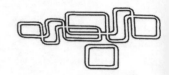

（續）表11-3　我國刑法規定之犯罪類型

	類型	内容	成立要件	罰則
累犯	累犯	因犯罪而受有期徒刑以上刑的執行後，再犯罪者	1.出獄後（刑畢或赦免）五年以內再犯罪 2.再犯之罪法定刑為有期徒刑以上之罪	加重本刑至二分之一
處斷數罪	併合論罪犯	裁判確定前犯數罪，一併予以裁判者	1.一人所犯為數罪 2.所犯數罪，均在裁判確定以前者	分別宣告其罪之刑，依各種情況定其應執行者
	想像競合犯（一行為多罪名）	一個犯罪行為同時觸犯數個罪名者，及基於一個犯意之發生，實施一個犯罪行為，而侵害數個法益，成立數個罪名者	1.須基於一個犯意 2.須一個行為 3.須侵害數法益，構成數個罪名	比較各罪中的較重者而處罰之
	牽連犯（多行為多罪名）	犯一罪，而其方法或行為的結果，觸犯其他項不同罪名者	1.須有二個以上犯罪行為 2.二個以上犯罪行為有牽連關係 3.所犯之罪方法或結果，更犯其他的罪名	比較各罪中的較重者而處罰之
	連續犯（多行為一罪名）	以一個概括的意思，連續數行為，而犯同一性質罪名者	1.基於概括的犯罪意思 2.反覆而為數獨立行為 3.侵害同一性質的法益	以一罪論，但得加重其刑至二分之一

按：想像競合及牽連犯的論罪方式，雖多有倡議廢止者，惟其頗具學理分
　　析價值，故仍概述以供學者參閱。

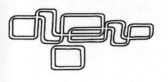

一、行政法通用原則

(一)依法行政

依法行政係源自於法治國家思想，為行政法最高指導原則，內容可含括：法律應由民選立法機關而不得由行政機關制定、應予人民有行政違法失誤時的救濟手段，及最重要的「法律位階高於命令」、「行政應有法律依據」原則。

1.消極的依法行政（法律優位原則）

(1)意義：即任一行政行為不得牴觸現行有效的法令。因命令的下位階法規範不得牴觸上位階法規範。

(2)我國法制，如憲法規定：「法律牴觸憲法者，無效」、「命令與憲法或法律牴觸者，無效」，及中標法第11條規定「法律不得牴觸憲法，命令不得牴觸憲法或法律，下級機關訂定之命令不得牴觸上級機關之命令。」

2.積極的依法行政（法律保留原則）

(1)意義：「法律保留原則」指行政機關的行政行為，應有法律明文的授權，或可得到法律的根據所在。

(2)我國法制，如憲法規定在「為防止妨礙他人自由、避免緊急危難、維護社會秩序、增進公共利益」所必要者時，應以法律而不得用行政命令限制人民，中標法第6條規定：「應以法律規定之事項，不得以命令定之。」

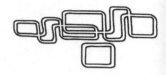

(二)其他行政程序原則

行政程序法第4條規定：「行政行為應受法律及一般法律原則之拘束。」

1.明白正確原則

行政程序法第5條規定：「行政行為之內容應明確。」如此在於使機關與人民能知守遵行，且使司法有事後審查可能。此外，除了行政行為要求明確性外，在制定行政法規上亦要求應予明確規範。

2.平等原則

行政程序法第6條規定：「行政行為，非有正當理由，不得為差別待遇。」所謂的不應差異，即在於禁止恣意行政，行政行為應有其合理規則、一體適用、受慣例所拘束等作法。

3.比例原則

行政行為的手段與目的，必須有合理的適當比例，如不能用飛彈炸示威群眾（即不能用大炮打小鳥原理），行政程序法第7條規定，行政行為應依下列原則為之：

(1)採取之方法應有助於目的之達成。（合目的性）

(2)有多種同樣能達成目的之方法時，應選擇對人民權益損害最少者。（最小侵害性）

(3)採取之方法所造成之損害不得與欲達成目的之利益顯失均衡。（均衡性：此或謂為狹隘比例原則）

4.誠信原則

行政程序法第8條規定：「行政行為應以誠實信用之方法為之。」誠信似應含括主觀的「善意」，和客觀上的衡平事實，如

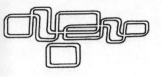

以「貨物既出，概不退還」的商家作法，顯無善意和有違公平性。

5.信賴保護原則

　　信賴政府的施政有助於人民，乃是一種可期待的利益，同時行政行為（特別是對人民干涉、增加負擔的行政決定）不任意回溯既往，不僅在保障人民既得權，也是追求法秩序安定的必要手段。此即行政程序法第8條後段規定：「行政行為……應保護人民正當合理之信賴。」

二、公務員權利義務

(一)公務員權利

(1)俸給權：公務員依法得請求國家給予本俸、年功俸（無法晉級時，仍續依年資逐加年功俸）及加給（可分職務、專技及地區加給三種）等報酬的權利。

(2)退休金權：公務員任職已達一定年限，或達一定年齡，或具有其他法定原因，依法得向國家請求給付退休金。
公務員發生退休之原因有二：
①自願退休：凡任職五年以上，年滿六十歲者，或任職滿二十五年者，應准其自願退休。
②命令退休：年滿六十五歲，或心神喪失或身體殘廢，不堪勝任職務者。

(3)身分保障權：國家對公務員的身分及地位，應給予職位上的保障，使其安心工作，非有法定原因，非依法定程序，不得任意對公務員免職、降級、減薪。

(4)保險金權、撫卹金權、參加考績權及職務所需動支公

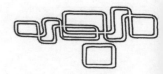

物、公款等權。

(二)公務員義務

1.執行職務的義務

(1)躬親執行職務：公務人員應由本人親自執行職務，除依
　　法令規定或經長官許可者外，不得委託他人代理。

(2)忠實執行職務：公務人員奉命後，應竭智盡忠，執行職
　　務以報效國家。

(3)遵守時間。

2.服從命令的義務（註3）

(1)公務員執行職務，除推事、評事、公懲委員等法官須依
　　據法律獨立審判，不受任何干涉外，一般行政人員必須
　　服從上級機關或上級長官的命令。

註3：公務員的義務，早期多引用德國公法學的「特別權力關係」，其特色為：
　　1.當事人不平等性：當事人的一方，有命令強制的權力，而相對人有服
　　　從的義務，此義務廣泛而無事前確定的分量。
　　2.有特別的規則：為維護特別權力關係的秩序，除國家法律或地方自治
　　　法規的規定外，權力人復可自定特別規則，以拘束義務人。例如：公
　　　立學校宿舍規則、學校校規、軍隊營規、營造物規則。
　　3.對於違反特別權力的義務者，可加以處罰：此種處罰，謂為「懲戒
　　　罰」。如國家對於違法失職的公務員，所加以的降級、減俸、記過等懲
　　　戒罰。
　　4.特別權力關係，為公法上的法律關係：遇有爭執時，不能提起民事訴
　　　訟，又因與一般統治關係不同，義務人不服權力人的命令強制時，亦
　　　不能以行政爭訟為救濟的手段，而只能循內部申訴的程序。
　　　我國大法官會議多次解釋，強調重大變更身分，如考績丁等免職、退
　　　學等，以及公法上的財產關係，如薪資、福利金等，均應允採訴願及
　　　行政訴訟，顯已未完全接受此一特別權力關係理論。

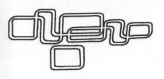

(2)上級長官命令如有不當或有違法之虞，依公務員服務法
規定：「長官就其監督範圍以內，所發命令，屬官有服
從之義務。但屬官對於長官所發之命令，如有意見，得
隨時陳述。」惟如命令明顯為犯罪行為，如上級命令參
與貪污而竟共犯，仍不能免除刑法罪責。

3.嚴守秘密的義務

(1)公務員有絕對保守政府機關秘密的義務，對於機密事
件，無論是否為主管事務均不得洩漏，退職後亦同。此
外公務員未得長官許可，不得以私人或代表機關名義，
任意發表有關職務的談話。

(2)公務員或曾為公務員的人為證人者，就其職務上應守秘
密的事項訊問時，應得該管監督機關或公務員的允許。
惟機關不得任意拒絕，但若有妨害國家利益者，則可拒
絕證言。

4.保持品位的義務

公務員代表政府機關執行公務，理應自愛，以身作則，公
務員應誠實清廉，謹慎勤勉，不得有驕恣貪惰，奢侈放蕩，及
冶遊賭博吸食煙毒，或其他足以損壞政府機關名譽，如喝花酒
的行為。

5.不為一定行為的義務

(1)公務員不得經營商業或投資事業，但可投資於非屬其服
務機關監督的農、工、礦、交通或新聞出版事業。

(2)公務員除法令所規定外，不得兼任他項公職或業務，其
依法令兼職者，不得兼薪及兼領公費。

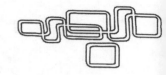

(3)公務員兼任教學或研究工作或非以營利為目的的事業或團體的職務，應經服務機關許可。

(4)公務員於其離職三年內，不得擔任與其離職前五年內職務直接相關的營利事業職務（此即旋轉門禁止條款）。

(5)公務員對於屬官不得推薦人員、關說、請託。

三、行政救濟

英國戴雪（A. V. Dicey）在《英憲精義》一書中，有句名言：「無救濟程序者，則非權利。」故行政救濟法規與執行的完善，才能確保人民的權利不受國家巨獸的妄加侵害。行政機關的處分，致使人民權益受到損害，如認係不當或違法者可向行政部門提「訴願」，訴願後仍未得救濟，針對「違法」處分可再提「行政訴訟」，轉依憲政上權力分立制衡的作用，對行政部門給予司法仲裁的救濟措施。行政救濟之程序見圖11-2。

(一)訴願

(1)訴願管轄機關，以原行政處分的上級機關為原則，被處分人應繕具訴願書，向原處分機關提出，原機關可撤銷處分，如堅持有理，則交上級機關裁決。如不服鄉鎮（市）公所處分，向縣（市）政府訴願；不服省（市）政

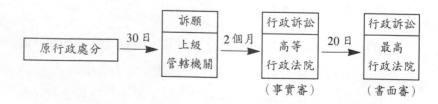

圖11-2　行政救濟之程序

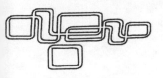

府所屬各級機關行政處分，向省（市）政府訴願。不服
中央各部會署行政處分，向主管院訴願；但若由中央各
院所作成的處分，僅可向原院提起訴願。

(2)受理機關應於三個月爲訴願決定，必要時得延長一次，
但不得逾二個月。

(3)訴願決定確定前，原則上不停止原處分的執行。若行政
機關的處分係屬違法，而人民依法提起訴願後，仍不服
其決定，可提起行政訴訟。

(二)行政訴訟

(1)經依訴願法規定提起訴願或相當的救濟程序，而不服其
決定或逾三個月不爲決定或延長決定期間逾二個月不爲
決定者，限違法的行政處分，得向高等行政法院請求救
濟。

(2)審級採「二級二審」爲原則，例外可提「再審」之訴。
受理機關的第一審爲高等行政法院，採言詞辯論進行方
式，第二審爲最高行政法院的終審，採書面審方式。

(3)判決類型及效應：

　①行政法院的判決，就該事件有拘束各機關的效力。撤
　　銷行政處分的判決確定者，關係機關應即爲實現判決
　　內容的必要處置。

　②行政法院認爲訴訟請求無理由者，應以判決駁回；若
　　認爲訴訟有理由者，應爲確認、撤銷的判決或命行政
　　機關爲給付判決，如原告附帶請求損害賠償者，並應
　　爲損害賠償的判決。

　③行政法院受理撤銷訴訟，發現原處分或決定雖屬違

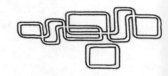

法，但其撤銷或變更於公益有重大損失，經斟酌原告所受損害、賠償程度、防止方法及其他一切情事，認原處分或決定之撤銷或變更顯與公益相違背時，得駁回原告之訴。

訴願與行政訴訟之相同與相異點整理如**表11-4**。

(三)其他救濟管道

1.請願

人民廣泛就政策、公益、私利等，均得向國家機關陳述希

表11-4　訴願與行政訴訟之相同與相異點

區分	相同點			相異點				
	性質	對象	對原處分	受理機關	爭訟原因	審級多寡	爭訟結果	法定期限
訴願	均為憲法規定之公權	所抗議的對象，均為行政機關	均以不停止執行為原則，停止執行為例外	由行政系統處分機關層轉上級轄機關	對違法或不當之處分，致人民權利或利益受損害均可提出	訴願一級	訴願決定以書，仍為行政處分	書面送達後三十日內為之，處分到達三十日內為之
行政訴訟				為司法系統行政法院	違法致人民權利損害為限，以處分致人民利害者限	兩級，對高等行政法院之裁判，得上訴最高行政法院	行政訴訟的判決書為司法裁判	決定送達後二個月內為之，訴願決定送達後二個月內為之

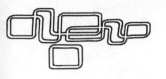

望，這項請願（即俗話：陳情）可向所屬行政或民意機關為之，團體請願應推十人以下代表，惟內容不得涉司法管轄事務。

2.聲明異議

如稅捐的申請複核、兵役的體位申請再認定等，此係一般簡易的向原行政處分機關聲明不服的救濟方法。

3.行政損失補償

因行政權的「合法」行使，以致對於原無責任的特定人，造成經濟上的特別損失，國家以補償其財產上損失為目的，所負的公法上金錢給付。常見如：政府為拓寬馬路，依土地法規定徵用人民土地，所給予的補償；或政府興建水庫，對附近權益受損的居民，予以遷村的金錢補償等。補償在概念上，與「賠償」其係對政府「違法」行為的一種制裁方式，尚見差異。

第十二章
私法系統

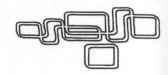

第一節　民法淺介

　　我國民法債編規範了基本商業型態，係採民商合一制，而將公司法、票據法、保險法、銀行法等另制定商事特別法，這些總合構成了私法系統。本章先就一般規範私人生活權利義務的民法介紹，民法旨在「保財」（債權、物權）與「保種」（親屬、繼承），內容繁多而計有千條以上條文，可說具有豐碩的各類法學原理，值得學者多加琢磨。

一、民法（私法）精神的演變

(一)從所有權絕對原則到所有權的社會化

　　所有權在近代以為乃天賦人權之一，可以自由行使，法律不應加以干涉。惟其結果，個人資本發達，社會上貧富懸殊、問題叢生，乃不得不立法加以限制，德國「威瑪憲法」首先規定「所有權附帶義務」，從此對所有權的觀念，乃由絕對自由轉為相對自由，即所有權的行使必須以社會大眾的利益為前提，如私人財產在繼承時、贈與時，有遺產稅、贈與稅的徵繳，私人所有土地，禁止變更用途，街道騎樓、防火巷的規定，均對個人所有權設限，而衡以社會整體利益的考量。

(二)從私法自治原則到契約自由的限制

　　近代自拿破崙法典制定以來，本乎「私法自治」原則，當事人簽訂契約，均任雙方各自發揮聰明才智，他人不得干涉，惟自由的結果，經常形成經濟上和社會上的強者壓榨弱者情

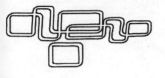

形。甚至大企業壟斷市場,對於市場價格及支付價金之方法,完全受其操縱,消費大眾只有忍受其剝削,毫無抗拒能力,在實質上已喪失締結契約自由的精義,國家自應積極的予以干涉。如我國「消費者保護法」,即對大企業、商號的定型化制式契約(如由保險公司、銀行、預售屋建商等,單方面事先擬好條款內容,一般人只有接受的契約)嚴加限制,以及產品的安全、衛生嚴格要求;「民法」更訂有法律行為不得違反強制規定、禁止規定、公共秩序、善良風俗的條款,而於債編更隨處可見契約限制的明文。

(三)從過失責任到無過失責任的原則

個人主義盛行的十八、十九世紀,認為必須是自己的故意或過失,致使他人受損害,才負有損害賠償責任,無過失,即無責任,但現代的法律觀念已有所改變,認為只要有損害的發生,不問行為人有無過失,均須負賠償的責任,此即「無過失責任」的原則。如工廠機器老舊,而因維護不善致毀傷員工,公共汽車行駛不慎而撞死人等,若必須業者有過失為前提,則被害者損失,常難得到合理的補償。故適度斟酌業者經濟能力,而得命其為相當的賠償,乃為我國民法所採行。

二、民法規定內容

我國民法共計民法總則、債、物權、親屬、繼承五大編,其各篇項目如下:

(一)民法總則

此為通則性規定,不僅於民法可共通適用,於其他特別民

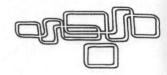

事法規亦有適用。

第一章－法例：規定適用於全部民事法的通例，包括民事法規適用順序、法律行為方式及確定數量的標準。如：

　1.依法律的規定，有使用文字的必要者，得不由本人自寫，但必須親自簽名。如有用印章代簽名者，其蓋章與簽名生同等的效力。

　2.關於一定的數量，同時以文字及號碼表示者，其文字與號碼（僅各出現一次）有不符合時，如法院不能決定何者為當事人的原意，應以「文字」為準。以文字或號碼為數次表示者，其表示有不符合時，如法院不能決定何者為當事人的原意，應以「最低額」為準（惟票據依票據法規定，數額出現不一致時概採文字為準）。

第二章－人：規定自然人及法人，即所謂權利的主體。

第三章－物：規定支配物的共同原則，包括動產不動產、主物從物、原物孳息等區分。

第四章－法律行為：規定私人行為以意思表示為要素，而已發生私法上效果為目的的法律事實。

第五章－期日及期間：

　1.期日者，指不可分的整體時間，如今天明天；而期間者，以一定時間為起點，至另一定時間為終點，其中間的時間繼續部分，如生死不明以後達七年。

　2.以時定期間者，即時起算（如約從上午八點起二小時，則從八點算至十點）。以日、星期、月或年定期間，其始日不算入（如從5日起第三天付款，則應自

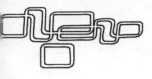

6日才起算，8日可領錢）。

3.年齡自出生之日起算。出生的月、日，無從確定時，推定其為7月1日出生。如知其出生之月，而不知出生之日者，推定其為該月15日出生。

第六章─消滅時效：乃請求權人於一定期間內，因繼續不行使權利，請求權因時效完成而產生「消滅」，對方乃取得拒絕給付的抗辯權（一般長期時效，如借款為十五年；利息、租金等常為數月分期的債權，各單期請求權消滅時效五年；各種簡易商事如飲食、住宿、看診、印刷費等時效二年）。

第七章─權利行使：規定權利行使，禁止違反公益、禁止濫用之應誠實信用的根本原則。並有正當防衛、緊急避難及自助行為的權利自力救濟方式。

(二)債篇

第一章─通則：規定債的發生原因、標的物、效力及債的移轉及消滅等，可適用於債的一般原則。

第二章─各種之債：規範各種債的關係，共計二十七種有名契約。

1.買賣：稱買賣者，謂當事人約定一方移轉財產權於他方，他方支付價金的契約。當事人就標的物及其價金互相同意時，買賣契約即為成立。

2.互易：當事人雙方約定互相移轉金錢以外的財產權者，準用關於買賣的規定。

3.交互計算：謂當事人約定，以其相互間交易所生的債權債務為定期計算，互相抵銷，而僅支付其差額的契

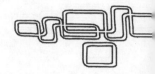

約。

4.贈與：謂當事人約定，一方以自己的財產無償給與他方，他方允受的契約。

5.租賃：謂當事人約定，一方以物租與他方使用、收益，他方支付租金的契約，其租金得以金錢或租賃物的孳息充之。

（「買賣不破租賃」原則，乃出租人於租賃物交付後，承租人在占有中縱將其所有權讓與，『即賣給』第三人，其租賃契約，對於受讓人『買主』仍繼續存在；惟五年以上或不定期租約，則應公證方可主張優先於買賣。）

6.借貸：

(1)使用借貸，謂當事人約定，一方以物，無償貸與他方使用，他方於使用後，返還其物的契約。使用借貸，因借用物的交付，而生效力。

(2)消費借貸，謂當事人約定，一方移轉金錢或其他代替物的所有權於他方，而他方以種類、品質、數量相同物返還的契約。消費借貸，因金錢或其他代替物（如米、酒、糖）的交付，而生效力。

7.僱傭：謂當事人約定，一方於一定或不定的期限內為他方服「勞務」，他方給付報酬的契約。（相較於委任，多不具特殊專業性）

8.旅遊：稱旅遊營業人者，謂以提供旅遊服務為營業而收取旅遊費用的人。

9.承攬：謂當事人約定，一方為他方完成一定的工作，他方俟工作完成，給付報酬的契約。

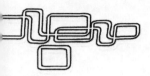

10.出版：謂當事人約定，一方以文學、科學、藝術或其他著作，為出版而交付於他方，他方擔任印刷或以其他方法重製及發行的契約。

11.委任：謂當事人約定，一方委託他方處理「事務」，他方允為處理的契約。

12.經理人及代辦商：「經理人」，謂有為商號管理事務，及為其簽名權利的人；「代辦商」，謂非經理人而受商號的委託，於一定處所或一定區域內，以該商號名義，辦理其事務全部或一部的人。

13.居間：謂當事人約定，一方為他方報告訂約的機會，或為訂約的媒介，他方給付報酬的契約。常見者如人力公司、房屋仲介、甚或越南新娘婚姻介紹等。

14.行紀：謂以自己的名義為他人計算，為動產的買賣或其他商業上的交易，而受報酬的營業。如委託行、代操匯率買賣等。

15.寄託：謂當事人一方，以物交付他方，他方允為保管並得請求報酬的契約。

16.倉庫：稱倉庫營業人者，謂以受報酬而為他人堆藏及保管物品為營業的人。

17.運送：謂以在陸上或水上運送物品或旅客為營業，而受運費的人。（自己送）

18.承攬運送：謂以自己的名義，為他人計算，使運送人運送物品而受報酬為營業的人。（找別人送）

19.合夥：謂二人以上互約出資以經營共同事業的契約；其出資得以金錢或他物，或為勞務代之。（金

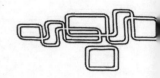

錢以外的出資，應依估定價為其出資額。未經估定者，以他合夥人的平均出資額視為其出資額。）

20.隱名合夥：謂當事人約定，一方對於他方所經營的事業出資，而分受其營業所生的利益，及分擔其所生損失的契約。

21.合會：謂由會首邀集二人以上為會員，互約交付會款及標取合會金的契約。（合會金，係指會首及會員應交付的全部會款，會款得為金錢或其他代替物。）

22.指示證券：謂指示他人將金錢、有價證券或其他代替物給付第三人（領取人）的證券。如支票、匯票。

23.無記名證券：謂持有人對於發行人得請求其依所記載的內容為給付的證券。如圖書禮券、樂透彩券、郵局支付憑證。

24.終身定期金：謂當事人約定，一方於自己或他方或第三人生存期內，定期以金錢給付他方或第三人的契約。

25.和解：謂當事人約定，互相讓步，以終止爭執或防止爭執發生的契約。

26.保證：謂當事人約定，一方於他方的債務人不履行債務時，由其代負履行責任的契約。

27.人事保證：謂當事人約定，一方於他方的受僱人將來因職務上的行為，而應對他人為損害賠償時，由其代負賠償責任的契約。

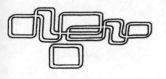

(三)物權編

　　物權乃直接管領特定物的權利。債法以任意法爲多，物權法則多爲強行法，包含所有權、用益物權及擔保物權三類。

第一章—通則：規定物權的創設、得喪變更及消滅等共通適用之原則。

第二章—所有權：乃所有人於法令限制的範圍內，得自由使用、收益、處分其所有物，並排除他人干涉的權利。

第三章—地上權：以他人土地上建築物，或其他工作物（如堤防、水壩），或竹林樹木爲目的而使用其土地的權利。

第四章—永佃權：乃支付田租，永久在他人土地上爲耕作或畜牧的權利。

第五章—地役權：謂以他人土地供自己土地便宜之用的權利。

第六章—抵押權：乃對於債務人或第三人不移轉占有而供擔保的不動產，得就其賣得價金受清償的權利。

第七章—質權：乃債權人爲其債權的擔保，占有債務人的物品，且就其物有優先受償的權利：

　　(1)動產質權：因擔保物權，占有由債務人或第三人移交的動產，得就其賣得的價金，受清償的權利。

　　(2)權利質權：凡可讓與的債權及其他權利爲標的之質權，如可以自己的保單向保險公司質押借款。

第八章—典權：謂支付典價，占有他人的不動產，而爲使用及收益的權利。

第九章—留置權：乃債權人占有屬於債務人的動產，就其物所生的債權未受清償以前，有留置其物的權利。

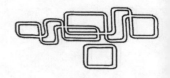

第十章一占有：係對於物的管領力，乃一種受法律保護的事實
　　　　狀態（如此可使社會一般正常運作，而非事事皆應舉
　　　　證有否權利）。

(四)親屬編

　　親屬，係以配偶為中心，推至其血親及姻親，綜合身分關
係的總稱。親屬法者，係規定親屬的身分，及其於此身分所發
生的權利義務關係的法律。

第一章一通則：規定親屬分類、親系、親等，與親屬關係的發
　　　　生及消滅。
第二章一婚姻：規定婚姻、結婚、婚姻效力及夫妻財產制與離
　　　　婚等。
第三章一父母子女：規定子女姓氏及住所、婚生子女、非婚生
　　　　子女、認領、收養及親屬權等。
第四章一監護：規定未成年人及禁治產人等，監護有關事項。
第五章一扶養：規定扶養範圍及順序，扶養要件、程度及方法
　　　　與扶養義務的消滅。
第六章一家：規定家的組織、家長及家屬的權利義務等。
第七章一親屬會議：規定親屬會議的權限，親屬會議的召開與
　　　　決議。

(五)繼承編

　　繼承乃因一方的親屬死亡，而由他方承受其財產上的一切
權利義務。繼承法含有強行法的色彩。

第一章一遺產繼承人：規定繼承順序、應繼分、繼承權的取

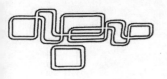

得、喪失、回復及代位繼承等。

第二章—遺產之繼承：規定繼承效力、限定繼承、遺產分割、
　　　　　繼承的拋棄等。

第三章—遺囑：規定遺囑的通則、遺囑的方式、效力、執行、
　　　　　撤回與特留分。

三、法律行為

　　法律行為不同於自然事實，也有別於觀念通知等，而係行
為人以意思表示為要素，以行為向外表達一定法律上效果的作
用，且限於私法的適法行為。

　　法律行為成立的要件，自須包括主體、客體標的物和意思
表示三要素，但特別規定為「要式行為」者，則尚須履行一定
方式始告成立（如結婚應有儀式及二證人）。至於法律行為的一
般生效要件，必須主體確有行為能力，客體適當、明確與可
能，意思表示健全無瑕疵（另有須符合特別生效要件者，如遺
囑生效、繼承開始、不動產移轉等），茲說明法律行為要件如
下：

(一)行為人須有行為能力

　　一個人的行為能「獨立的發生權利義務的法律效果」，就是
行為能力。我國民法對行為能力的規定如圖12-1。

(二)標的須適當

　　法律行為的內容對象應適法、確定、可能：

　　(1)適法：法律行為不得自我矛盾，違反法律本身的強制或

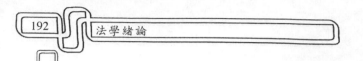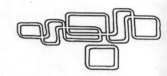
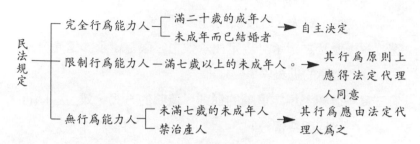

圖12-1　我國民法對行為能力的規定

禁止規定。

(2)確定：標的內容必須確定或可得確定，如契約的對於必要之點（貨品、數量、款額等），意思須一致方能成立。

(3)可能：以不能的標的物（依社會一般觀念）作爲給付者，契約無效（民§246），如買賣恐龍、火星上房屋、靈魂等客觀自始不能者。

(三)意思表示須無瑕疵

表意人將本身期望發生的效果，表示其意思於對外部行爲，使發生法律效力，便是「意思表示」。意思表示有相對人時，在對話中以「瞭解」爲生效，非對話中，則採「到達」生效主義。意思表示必須健全才能在意思完整、自主下發揮法律行爲作用。

意思表示的瑕疵有以下情形：

(1)心中保留眞意「無效」（以外在表現的意思爲有拘束效力）。

(2)雙方通謀虛僞表示「無效」（出自雙方不良動機，不應使有效，且雙方亦均知爲作假）。

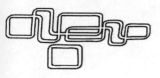

(3)因誤認或不知的錯誤表示「得撤銷」（自己有過失則不得
　　主張撤銷）。

(4)被詐欺、脅迫的表示「得撤銷」（應於發現詐欺或脅迫終
　　止後一年內主張，自意思表示經過十年即不得主張撤
　　銷）。

四、債的發生

　　「債」的關係乃是以請求權為核心，即形成債權人與債務人
的要求和清償關係。但是債的發生，則有多種可能，而以「契
約」最為普通，這也就是「債編各種之債」的規範內容。至於
債的消滅，不外乎係使請求權得獲滿足的作用所致，可有清
償、提存（債權人不明或受領遲延時的寄託給付物）、抵銷（互
負同種類給付債務而均至清償期）、免除（向債務人明示拋棄債
權）及混同（債權與債務同歸一人，如繼承、公司合併）等消
滅原因。以下茲列表（**表12-1**）概述債發生的原因類別。

五、所有權及擔保物權

　　我民法規定：「物權，除本法或其他法律有規定外，不得
創設。」這項不許當事人任意創設，乃是「物權法定主義」。由
於物權乃具「對世權」的特性；而為對抗一般人的財產權，其
性質具有：(1)特定性，以特定物為支配標的；(2)絕對性，一般
人對物權均負不侵害的義務；(3)排它性，同一標的物，不容許
性質不相容的二以上物權併存（如可並存的數抵押權則不在此
限）。

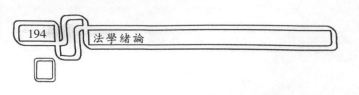 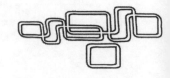

表12-1　債的發生類型

原因	意義	成立要件
契約	當事人互相意思表示一致而成立的雙方行為。	1.要約與承諾的合致。 2.意思實現的合致（有可認為承諾的事實，如將對方明言可泡喝的茶葉打開並已用掉半斤）。 3.要約交錯的合致（互為要約而巧合一致）。
代理權的授與	由於本人授權行為，使本人與代理人及相對人相互間，發生種種債的關係。	1.應有本人的委任契約。 2.如有「表現代理」情形（本人在場未制止或本人行為造成他方相信代理人有經授權），本人應對於第三人負授權人責任。
無因管理	未受委任，並無義務，而為他人管理事務的行為（如看管迷失兒童、代繳鄰居水電費）。	1.須無法上的義務。 2.須出於他人利益的管理意思。
不當得利	無法律上原因而受利益，致他人受有損害的行為（如甲應還錢給乙卻給錯丙，此時丙便是不當得利人）。	1.須無法律上的原因。 2.須受有利益。 3.須他人因而受損害。
侵權行為	故意或過失不法侵害他人權利（人格權、財產權）的行為。	1.行為人須有故意或過失的責任條件及行為能力。 2.他人權利受損，與侵權行為要有因果關係。

(一)所有權

　　所有權是物權中最具完整而又富於彈性者（可因設定他物權而成空虛狀態）。

1.意義

　　所有人於法令限制的範圍內，得自由使用、收益、處分其

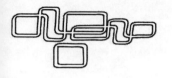

所有物，並排除他人干涉的權利。

2.權能

(1)積極權能：

①使用：乃不毀損其物體或不變更其物的性質，而依物的通常用法，供生活及事實所需，如居住房舍、駛用機車。

②收益：乃指所有權人可收取所有物的「天然孳息」，如水果、牛乳、稻麥，及「法定孳息」，如收取出租物的租金。

③處分：處分可分為「事實上處分」及「法律上處分」。前者乃就原物體加以變形、改造或毀損，如釀米為酒；後者乃就權利為移轉、設定、拋棄的行為，如贈送友人、設定質權。

(2)消極權能：指「排除他人干涉」，亦即權利人的權利遭受他人不法妨害時，得除去他人的干擾或侵害，包括有三項「物上請求權」（占有亦可行使此權）：

①所有權返還請求權。（相當於過去式）

②除去妨害請求權。（相當於現在進行式）

③預防妨害請求權：所有人對於有妨害其所有權之虞者，得請求防止（如對樓上快掉下來的看板主人請求拆除）。（相當於未來式）

(二)擔保物權

物權中具有供「債權」擔保為目的者，有抵押權（不動產）、質權（含動產及權利質權兩種）及留置權（動產）三種，

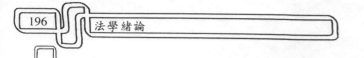
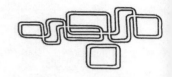

表12-2 抵押權、質權及留置權之對照

物權	意義	特性	成立要件
抵押權	對於債務人或第三人不移轉占有而供擔保的不動產,得就其賣得價金受清償的權利。	從屬於所擔保的債權。	1.非經登記,不能對抗第三人。 2.同一不動產,設有數個抵押權者,先登記者乃優先清償。
質權	因擔保債權,占有債務人或第三人移交的動產或權利證書,得就其賣價受清償的權利。	必須移轉物的占有。	1.喪失質物的占有,不能請求返還者,權利即消滅。 2.對標的物無使用收益權。
留置權	債權人占有屬於債務人的動產,於未受清償前,得予留置該物,如半年以上期限不為清償,並得就留置物取償的權利。	逼迫債務人期限內清償。	1.須在留置權發生前,已合法占有債務人的動產。 2.須債權已屆清償期。 3.債權的發生,與留置的動產有牽連關係(如修摩托車不給修理費的扣車)。

茲列表(**表12-2**)對照說明。

六、婚姻

親屬係配偶、血親、姻親的總稱,中國人崇尚「仁」的精神,因其係兩個人之道,即從男女二人的結合而形成倫理體系,可見婚姻的重要性,實為今世最基礎性的人類制度。

(一)親屬

親屬的種類如**圖12-2**。

(二)結婚要件

婚姻係以一男一女締結配偶為目的要式契約,結婚如(1)未具儀式;(2)重婚;(3)與近親結婚(民法983條所列不得結婚的

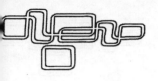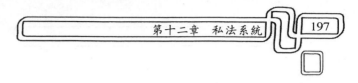

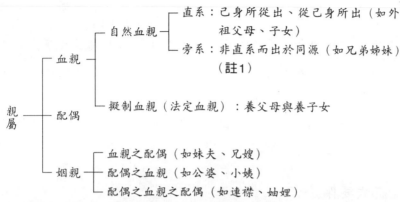

```
              ┌ 直系：己身所從出、從己身所出（如外
         ┌自然血親┤          祖父母、子女）
         │    └ 旁系：非直系而出於同源（如兄弟姊妹）
    ┌血親┤           （註1）
    │    │
親  │    └ 擬制血親（法定血親）：養父母與養子女
屬 ┤配偶
    │    ┌ 血親之配偶（如妹夫、兄嫂）
    └姻親┤ 配偶之血親（如公婆、小姨）
         └ 配偶之血親之配偶（如連襟、妯娌）
```

圖 12-2　親屬的種類

親屬範圍），三者任一均為「無效」；同時尚有未得合法同意、不能人道、被詐欺脅迫等，得加以撤銷婚姻；以及不堪同居虐待、惡意遺棄、殺害對方、通姦等，可聲請法院判決離婚的規定。

　　至於結婚的生效要件，我民法乃有以下規定：

1.實質要件

(1)須達法定年齡：男未滿十八歲，女未滿十六歲者，不得結婚。

(2)須有婚姻的合意：未成年人結婚，應得法定代理人的同意。

(3)須不違反結婚的限制：

　①與下列親屬，不得結婚：

　　A.直系血親及直系姻親。

　　B.旁系血親在六親等以內者（但因收養而成立的四親等及六親等旁系血親，輩分相同者，不在此限）。

註1：非婚生子女與生母，為當然血親，但與生父，如未經認領則尚非血親。「認領」係生父承認為其所生子女的單獨行為，另「準正」，則係因生父與生母事後結婚，使非婚生子女成為婚生子女。

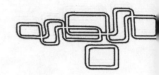

C.旁系姻親在五親等以內，輩分不相同者。

②監護人與受監護人不得結婚；監護人與受監護人，在監護關係存續中，不得結婚（但經受監護人父母的同意者，則得結婚）。

③重婚禁止：有配偶者，不得重婚，一人亦不得同時與兩人以上結婚。

2.形式要件

(1)我國係採形式婚主義，民法規定，結婚應具備公開儀式及二人以上的證人（所謂證人，不以證婚人為限，凡當時有所見聞的賓客，亦得為證人）。

(2)結婚經依戶籍法為結婚登記者，「推定」其已結婚，若無反證，即不容許爭議其結婚效力。

3.夫妻財產制

(1)約定財產制：夫妻得以向法院登記，採共同財產制，一切財產均為公同共有；或採分別財產制，一切財產均為個人所自有。

(2)法定財產制：如未登記則依民法之法定財產制：①婚前財產婚後財產均各自所有使用；②婚姻結束（離婚或死亡），則婚後財產應平均分配（扣除債務及個人因繼承或受贈與的所得不列入計算）；③夫妻家事得要求給予工作費（此謂：自由處分金）。

七、繼承

繼承係依被繼承人的死亡原因，使發生繼承人概括的承受

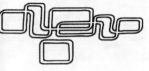

其非專屬性財產上的權利意義，亦即為「分遺產」。我國民法繼承編不採傳統民間的男性繼承原則，而依男女平等精神立法，並設有「限定繼承」、「拋棄繼承」等方式，可免遺累家人。

(一)繼承人順位

1.配偶

　　配偶有相互繼承遺產的權利，乃「當然繼承人」，若配偶尚有其他繼承人，得與其共同繼承，如無其他繼承人，則單獨繼承全部遺產。

2.血親繼承人

　　以直系血親卑親屬→父母→兄弟姊妹→祖父母等順位，決定其繼承順序。其中在「第一順位」的繼承人，有於繼承開始前死亡，或於繼承前喪失繼承權，由其直系血親卑親屬「代位繼承」其應繼分。值得注意的是，有先順位繼承時，後順位即無繼承可言。

(二)應繼分

　　繼承人對遺產可繼承的比例，因對象（順位人）而有不同：

1.法定繼承人

　　(1)配偶應繼分：配偶與直系血親卑親屬同為繼承時，應繼
　　　　分平均之；與父母、兄弟姊妹同為繼承時，配偶的應繼
　　　　分為遺產二分之一，與祖父母同為繼承時，應繼分為遺
　　　　產的三分之二。

　　(2)同一順位繼承人有數人時，其應繼分應將配偶的應繼分
　　　　扣除後，按人數平均繼承。

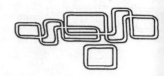

2.指定應繼分

即被繼承人在不違反「特留分」的規定下，以遺囑指定繼承人的應繼分。（註2）

(三)限定與拋棄繼承

被繼承人死亡（含法院的宣告死亡），如造成所留債務遠超遺產，硬要「父債子還」，將不免違反公平正義的精神，民法特設有限定與拋棄兩種方式，讓繼承權人自我評估抉擇。

1.限定繼承

繼承人對於被繼承人的債務或者債權不清楚時，採限定繼承較為妥當，其方式為：應於繼承開始時起，三個月內開具遺產清冊，呈報法院，辦理以所得遺產為償債範圍的限定繼承。限定繼承後，繼承人僅負擔有限責任，在超過繼承財產的債務部分，不必清償。

2.拋棄繼承

被繼承人的債務如明顯超過債權時，採取拋棄繼承最有利，拋棄繼承的方式為：繼承人於知悉其得繼承的時候起二個月內，以書面向法院為之（同時並應通知下一順位繼承人）。

第二節　商事法淺介

一、公司法

公司係民法中「法人」的一種型態，始於設立登記、終於

註2：「特留分」乃被繼承人依法須保留給繼承人，不得以遺囑自由處分的遺產。直系血親卑親屬、父母、配偶的特留分為其應繼分的二分之一，兄

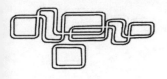

解散清算，如公司法第1條所示：「本法所稱公司，謂以營利為目的，依照本法組織、登記、成立之社團法人。」

(一)公司類型

1.無限公司

係由二人以上的股東所組織，對公司債務負連帶無限清償責任者。

2.有限公司

係由一人以上以上股東所組織，就其出資額為限，對公司負其責任者。有限公司置董事最少一人、最多董事三人。

3.兩合公司

係由一人以上無限責任股東，與一人以上有限責任股東所組織者，其無限責任股東對公司債務負連帶無限清償責任，有限責任股東就其出資額為限，對公司負其責任。

4.股份有限公司

係由二人以上股東（或政府、公司之法人一人股東）所組織，全部資本分為股份；股東就其所認股份，對公司負其責任者。所設董事會不得少於三人，若人數多則可另設常務董事（名額在董事三分一以內）。（註3）

　　弟姊妹、祖父母的特留分為其應繼分的三分之一。

註3：股份有限公司為我國公司常態，其公司資本有下列原則規範：

　　1.資本確定原則：設立之初，資本必須於章程中載明，且經股東認足或募足，俾保證公司的成立，獲有穩固的資財。

　　2.資本維持原則：公司於存續中，須經常維持相當於資本額的財產。

　　3.資本不變原則：公司資本總額一經章程確定，即不得任意變更，如有欲變動資本，須踐行嚴格法定增資或減資的程序。

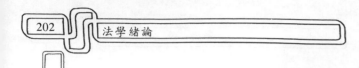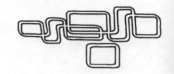
(二)設立程序

1.發起設立

　　乃發起人因組織公司，為完成其法人資格，所為之籌備行為，其發起人（股東），如前述依公司種類而定人數。股份有限公司的設立：(1)依「發起設立」，或係一次繳足全部股份，或可分數次，只要第一次股東繳足全部股數的四分之一；(2)依「募集設立」方式，則第一次用於申請設立的繳股數，更只須發起股東繳足預定總資本股份數的十六分之一，餘皆可向社會大眾募集。

2.訂立章程

　　發起人應以全體的同意訂立章程，簽名蓋章，備置於公司內，作為組織及活動的規則。

3.確定股東

　　公司設立，須先確定其股東，以明何人參與投資，作為公司的人的基礎。

4.確定資金

　　公司設立，須有股東出資，作為公司的財產基礎。惟資本不以現金為限，即物權、債權、信用、勞務等亦可（有限責任股東不得以信用、勞務出資，則為例外）。

5.設置機關

　　公司須設置董事會及其他經營單位，以經營公司業務。

6.設立登記

　　公司應在中央主管機關登記，並發給執照後，始得成立。營利社團法人係採設立「準則主義」，除有特別規定（如保險公司應經許可），依公司法所定標準，即皆可為設立登記。

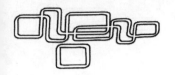

二、票據法

票據者，係支付一定金額爲標的之有價證券，可分爲匯票、本票與支票。

(一)票據類型

1.匯票

係發票人簽發一定的金額，委託付款人於指定的到期日，無條件支付與受款人或持票人的票據。

2.本票

係發票人簽發一定的金額，於指定的到期日，由自己無條件支付與受款人或持票人的票據。本票的執票人向發票人行使追索權，請求給付票據金額時，可向法院申請裁定後強制執行，此與匯票、支票情形不同，因其乃是一種「信用證券」，具有較強的保障支付功能。

3.支票

係發票人簽發一定的金額，委託銀錢業者、信用合作社或經財政部核准辦理支票存款業務的農會，於見票時，無條件支付與受款人或持票人的票據。（註4）

註4：支票特別有不同於匯票、本票的畫平行線制度：
    1.平行線支票：於支票上畫平行線二道，支票之執票人，如果不是經財政部核准辦理支票存款業務之銀行、信用合作社、農會或漁會，應將該支票存之銀行、信用合作社、農會或漁會，委託其代爲提示取款，但並不限定某特定之銀行、信用合作社、農會或漁會。
    2.特別平行線支票：支票上畫二道平行線，且於平行線內記載某特定銀行、信用合作社、農會或漁會之名稱，執票人必須將該特別平行線支票存入該特定銀行、信用合作社、農會或漁會，透過該銀行、信用合作社、農會或漁會提示取款。

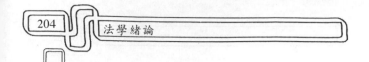
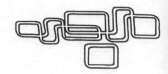

(二)時效及救濟程序

1.消滅時效

票據權利如已付款自當消滅，此外票據法另訂有特定的消滅時效，而排除民法的普通法適用。

(1)匯票上的權利，對匯票承兌，自到期日起三年間不行使而消滅。

(2)本票上的權利，對發票人自發票日起三年間不行使而消滅。

(3)支票上的權利，對發票人自發票日起一年間不行使而消滅。

2.票據喪失的救濟程序

(1)止付通知：票據喪失時，票據權利人得將票據喪失的事實通知付款人，並請其停止付款（常見為銀行以「專戶」加以提存）。票據權利人為止付通知後，應於止付通知後五日內，向付款人提出已為聲請公示催告的證明，否則止付通知失其效力。

(2)公示催告：法院依當事人的聲請，以公示的方法，催告不明的利害關係人，於一定期間內申報權利，如逾期不為申報，即產生失權的效果。

(3)除權判決：公示催告期間屆滿後，無人申報權利及提出票據，法院乃依聲請宣告票據無效（對除權判決不得上訴）。聲請人取得除權判決後，可重新對票據債務人主張票據上的權利。

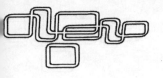

三、海商法

　　海商法對於一般人民而言，係較少使用的規範，但臺灣乃地處太平洋島嶼國家，仍有不少人民從事海上工作，因此略知「海商法」要點，不無必要。

(一)適用船舶

　　海商法稱船舶者，謂在海上航行，或在與海相通的水面或水中航行的船舶。但下列船舶除因碰撞外，不適用本法：(1)船舶法所稱的小船即總噸位未滿五十噸的非動力船舶，或總噸位未滿二十噸的動力船舶；(2)軍事建制艦艇；(3)專用於公務的船舶等。

　　由於船舶的價值較高，雖屬動產但多有別於民法的普通法規定（正如汽車較高昂，市面上常依「動產擔保交易法」，而有「免押車可借款」的抵押權方式，不採民法動產質權應交付汽車於金主的作法）。其一，船舶所有權的讓與，非作成書面，並經航政主管機關或國外時的我國駐外單位蓋印證明登記，不得對抗第三人。其二，船舶可設定抵押權，同時自應有書面及登記，否則不得對抗第三人。

(二)海事碰撞訴訟

　　(1)海商法就「船舶碰撞」有下列規定：
　　　　①碰撞係因不可抗力而發生者，被害人不得請求賠償。
　　　　②碰撞係因一船舶的過失所致者，由該船舶負損害賠償責任。
　　　　③各船舶有共同過失時，各依其過失程度比例負其責

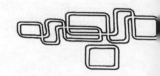

任，不能判定其過失的輕重時，各方平均負其責任。有過失的各船舶，對於因死亡或傷害所生損害，應負連帶責任。

④前②、③項責任，不因碰撞係由引水人的過失所致而可免除。

(2)關於碰撞的訴訟，除同於刑法，得向住所地、發生地、船籍地等法院起訴外，被告營業所地、船舶扣押地及可由兩造合意的法院管轄。

(三)共同海損

在船舶航海的行程上，遇有共同的危險，因處理全體財產安全所造成的犧牲及費用，乃有「共同海損」的規定可依循。

1.共同海損的分擔

共同海損以各被保存財產價值與共同海損總額的比例，由各利害關係人分擔之（因共同海損行為所犧牲而獲共同海損補償財產，亦應參與分擔）。

2.共同海損的計算

共同海損的計算，由全體關係人協議定之。協議不成時，得提付仲裁或請求法院加以裁判。

3.留置權

運送人或船長對於未清償分擔額的貨物所有人，得留置其貨物。但提供擔保者，不在此限。

4.債權消滅時效

因共同海損所生的債權，自計算確定當日起，經過一年不行使而消滅。

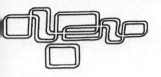

四、保險法

　　保險者，爲雙方當事人訂立契約，要保人平常在期限內定期支付保險費，而於保險事故發生時，由保險人給付保險金予被保險人或指定的受益人。保險契約乃是一種誠信契約與射倖契約。保險因係將保險事故所生的損害，透過保險及再保險制度，直接分予全體要保人共同負擔，乃間接轉嫁於廣大社會，以填補個人的損害，此則具有安定社會秩序、穩定生活的經濟安全功能。

　　保險法所規定的係屬營利保險業者，營利保險並無強制性及補貼，是否應行訂立保險契約及何類契約，完全是人民的自主決定。此與保險人多係政府部門，並須特別立法依據的「社會保險」不同，如全民健康保險法於民國84年施行，而有全民納入此健保的強制實施，「國民年金制」目前也朝向此社會保險方向推動，這是國家的一種人民生活保障的政策。

　　保險有產物和人身兩大系統的類型，對於被保險人如係「故意」的行爲，則概多不予給付保險金。所以保險前提爲應具「保險利益」，如係自己財產的產物險利益，或人身方面的家屬、扶養人、管理人等人身險利益，從而避免保險人的道德犯罪（如可投保別人的房子、不相干的他人，則爲詐取保險理賠金，必易致犯罪產生）。

(一)財產保險

　　財產保險，或稱產物保險，是對物或其他財產利益的損害保險。財產保險以「填補損害」爲宗旨，故不能重複保險，且非定值保險（所保額度係賠償最高限，一切依事後估算實際損

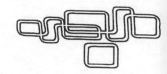

失來理賠），其主要種類包括火災保險、海上保險、陸空保險、責任保險及其他財產保險（如地震險、竊盜險）等。其中火災保險係以保險事故爲標準；海上保險及陸空保險係以保險事故發生區域爲標準；責任保險係以保險標的（被保險人應負的賠償責任）爲標準。

(二)人身保險

　　人身保險即以人身爲保險標的物，前述由政府辦理的社會性保險，多屬於人身保險者。人身珍貴無價，故可重複向多家保險，且係事前即確定理賠金（定值保險）。此可細分爲：

1.人壽險

　　被保險人在契約規定年限內死亡（死亡保險），或屆契約規定年限而仍生存（生存保險），保險人依約給付保險金者。現多採生死合險方式。

2.健康險

　　被保險人因內在原因，有疾病、分娩（及因致殘廢、死亡），得依約領取保險金額。

3.傷害險

　　被保險人因外來原因，遭受意外傷害（及因致殘廢、死亡），得依約領取保險金額。常見者如旅遊平安保險、職場傷害保險。

第十三章
其他法規

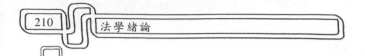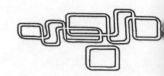

第一節 國賠、戒嚴、行政程序及少年事件法淺介

一、國家賠償法

憲法第24條規定：「凡公務員違法侵害人民之自由或權利者……，被害人民就其所受損害，並得依法律向國家請求賠償。」我國國家賠償法即以此為立法依據，於民國70年7月1日施行。

(一)施行要點

我國國家賠償法施行要點整理如**表13-1**。

表13-1　我國國家賠償法施行要點

依據	肇因者	責任要件	賠償程序	賠償方法	補充法	消滅時效
憲法第24條	1.公務員 2.公有公共設施 3.受委託行使公權力的團體	1.行為人： (1)違法 (2)故意或過失（過失主義） 2.物：設施欠缺（無過失主義）	1.書面請求先行主義（協議書） 2.協議不成，法院起訴請求國賠	金錢賠償為原則，回復原狀為例外	本法未規定事項，適用「民法」規定	1.請求權人： (1)知情2年 (2)不知情5年 2.機關向公務員求償權：自賠償起2年

(二)相關說明

(1)本法公務員定義係採最廣義者，即同於刑法規定的：「依法令從事公務之人員。」而公務員故意、過失的侵害

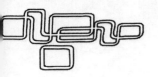

人民自由、權利應負賠償責任外，「怠於執行職務」所致損害亦同。此即被害人並不須對該公務員職務先有公法上請求權，經請求而怠於執行為必要。被害人民得分就積極作為或消極不作為，請求國家賠償（見釋字469號）。

(2)賠償經費乃由各級政府編列預算支應。機關賠償後，對於肇因的公務員，如其有故意或重大過失（不含輕微過失），可向其「求償」，本法實係「代位賠償」制。

二、戒嚴法

國家遭遇戰爭或發生叛亂時，以軍事力量限制地區內人民的自由及其他權利，並由當地最高司令官指揮或代替行政、司法官行使權力，乃是「戒嚴法」的制度核心，我國早在民國23年公布施行戒嚴法，後因憲法施行的有關規定，乃將戒嚴法加以修正，並因憲法另訂有緊急命令（原憲法係緊急處分），而使總統同時握有兩大行政介入危機權。

(一)戒嚴類型

1.一般戒嚴

即總統逕行政院會議的議決後，提交立法院通過後所發布的戒嚴。

2.緊急戒嚴

因情勢緊急，總統經行政院會的呈請，即先行公布的戒嚴。惟發佈戒嚴後，須於一個月內提交立法院追認（或立法院復會後立刻追認）。

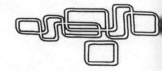

3.臨時戒嚴

　　某一地區猝受敵匪的攻擊或應付非常軍事事變時，由當地陸海空軍最高司令官逕行公布的戒嚴。臨時戒嚴發布後，應迅速按級呈請，並提交立法院追認。

(二)戒嚴效力

　　(1)警戒地區內，地方行政官及司法官處理有關軍事事務，應受該地最高司令官的指揮。

　　(2)接戰地區內，地方行政事務及司法事務，移歸該區最高司令官掌管（地方行政、司法官，均受該地最高司令官的指揮）。

　　(3)當戒嚴情況中止，或經立法院決議移請總統解除戒嚴時，應即宣告解嚴，且自解嚴之日起，一律恢復原狀。

(三)與緊急命令的區別

　　(1)二者雖均屬總統的權力，惟性質上，戒嚴適用於對外作戰、對內戡亂，屬軍事權（Martial Law）；緊急命令用於避免國家或人民遭遇緊急危難、和應付財政經濟重大變故，是一般時期的緊急處分權。

　　(2)二者均應經國會（立法權）的同意，避免行政擴權而反違害人民權利，戒嚴的效力，行政、司法交軍管（但立法權仍在國會，故可由國會運作解嚴），緊急命令的效力則通說係高過法律，甚可暫停憲法條款作用。

三、行政程序法

　　針對我國多年來行政規章與制度，一直是各自發展，缺乏

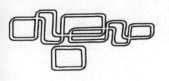

一致性的規範，憲法增修條文第3條乃明定：「國家機關之職權、設立程序及總員額，得以法律爲準則性之規定。」秉乎此，我國乃制頒了「行政程序法」，以公權力行政爲範疇，在提高行政效能並兼顧行政實體法的原理下，就行政機關作成行政處分、締結行政契約、訂定法規命令與行政規則、確定行政計畫、實施行政指導及處理陳情等行爲，有一共通適用的程序。以下說明法規命令、行政處分等，至若行政罰等，請參閱第八章法之制裁。

(一)立法目的

　　行政程序法爲公權力行使的通則性法律，乃是事前行政手續而非事後之行政救濟，以求公正妥當、預防勝於治療；此外其無涉內部組織，而是以涉人民事務的外部行政手續。本法有三大基本精神：

1.符合民主原則

　　盡量容許人民的意見陳述、舉辦公聽會，使當事人參與行政作爲。

2.職權進行主義

　　行政機關應勇於任事，本乎職責從事程序發動、事實調查、資訊公開等。

3.發揮行政效能

　　強化行政的決策透明化、可受公評，防範行政權專擅恣意妄爲，如此不但使民眾信賴，更提高決策的正確和有效。

(二)法規命令

　　法規命令的內容應明列其法律授權的依據，並不得逾越法

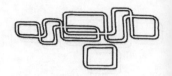

律授權範圍與立法精神（依法行政原理）。就此法規命令可分
爲：

1.委任命令

依據法律特別委任，而制定的命令（亦稱「補充命令」）。
其性質多屬「法規命令」，如依大學法規定：「本法施行細則由
教育部定之」，則該施行細則性質上爲委任命令。

2.執行命令

由於執行法律的必要，輔助法律實施所制定的命令，如審
計法施行細則。

3.緊急命令

國家處在非常時期，爲國家元首公布，其效力超過法律
（與憲法相同），甚至可就憲法暫停若干條款效力的命令。

4.行政規則

規範行政體系內部事項的命令，上級對下級機關或長官對
部屬的職權運作，非直接對外發生效力而無須法律授權，與人
民的權利義務較無直接關係。如私立東吳大學認同卡使用須
知、交通部訂定「高速公路收費作業要點」。

5.特別規則

於特別權力關係下，爲維持特別權力關係秩序而制定的命
令，如部隊營規、營造物規則及大學校規。

(三)行政處分

行政處分可能對人民係授益處分、負擔處分（或混合二者
的處分）及第三人效力處分，除應受法律羈束的處分外，亦多
有行政自由裁量者；而其效力除具有公信、確定、拘束力等
外，亦得強制執行。其類型如下：

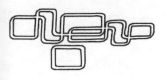

1.行政處分

中央或地方行政機關，就公法上具體事件所爲決定，或其他公權力措施，而對外直接發生法律效果的單方行政行爲。

2.視同行政處分

中央或地方行政機關，對於人民依法申請的案件，於法定期限內應作爲而不作爲（消極不作爲），致損害人民權利或利益者，視同行政處分。

3.一般行政處分

依一般性特徵可得確定其範圍者，或有關公物的設定、變更、廢止或其一般使用者。如：(1)警察對於某一示威活動的現場多數人下令要求解散、以手勢指揮道路交通、管制災區車輛進入等；(2)將某一古宅列入古蹟保護；(3)指定私有通行巷路爲公眾道路。

(四)其他

(1)行政機關得與人民締結和解契約、雙務契約、特別權力關係的設定（如志願留營、接受分發）、公用負擔契約（如承攬高鐵）、徵收協議、損失補償、補助契約（如私校募款配合款補助）、事務委託等契約，及行政協定（如軍校聯合招生、設置公民營機構）。

(2)對於人民陳情，應派人員迅速確實處理，如認無理由，應通知陳請人原因，或請補陳之。

四、少年事件處理法

我國刑法規定未滿十四歲者的行爲不罰，但現今少年不無有身心早熟情形，且衡之我國社會，受功利思想影響和缺乏家

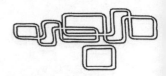

庭管教，常見有脫序違法的犯行，因此為保障少年健全自我成長，調整其成長環境，並矯治其不良習性，乃有「少年事件處理法」。

少年事件處理法所適用的主體，係十二歲以上，十八歲未滿的少年，處理上有「保護處分」和「刑罰」兩類型，茲進一步說明：

(一)少年移送原因

(1)少年犯有觸犯刑事法律（含軍事審判）的行為。

(2)少年虞犯：有下列情形之一，依其性格及環境而觸犯刑罰法律之虞者：①經常與有犯罪習性人交往者；②經常出入少年不當進入場所；③經常逃學或逃家者；④參加不良組織者；⑤無正當理由經常攜帶刀械者；⑥吸食或施行打煙毒或麻醉藥品以外之迷幻物品者；⑦有預備犯罪或犯罪未遂而為法所不罰之行為者。

(二)少年移送程序

1.檢察官、司法警察官、對少年有監督權人、少年肄業學校或從事少年保護事業的機構，知少年有違背少年事件處理法的行為，應移送少年法庭處理。

2.對移送的少年案件，應先由少年調查官，調查該少年與事件有關的行為、其人的品格、經歷、家庭情形等事項，提出報告，並附建議。

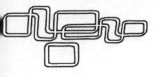

(三)少年保護案件

1.裁定不付審理

　　少年法庭若認爲少年的情節輕微，以不付審理爲適當者，得爲不付審理裁定，並爲以下處分：

(1)宣告由少年調查官執行下列處分：①轉介機構輔導；②交付法定代理人嚴加管教；③告誡。

(2)命少年向被害人：①道歉；②立悔過書；③交付慰撫金。

2.保護處分

　　少年法庭認爲有交付保護處分的原因者，應諭知下列保護處分：

(1)訓誡，並得予以假日生活輔導。

(2)交付保護管束，並得命爲勞動服務。

(3)交付安置於適當福利或教養機關輔導。

(4)令入感化處所施以感化教育。

(5)並得視少年吸毒或身心缺陷的情形，另諭知禁戒或治療處分。

(四)少年刑事案件

(1)少年法庭依法裁定應受刑事追訴或處罰者，應移送檢察官，檢察官應即開始偵查。

(2)檢察官依偵查結果，對於少年犯最重本刑五年以下有期徒刑之罪，認以不起訴處分爲適當者，得移送少年法庭

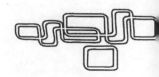

為保護處分的審理。認應起訴者，應向少年法庭提起公訴，具體求刑。

(3)少年刑事案件的被告，非有不得已，不得羈押，且審判得不公開，對少年不得宣告褫奪公權。

第二節　著作、消保、勞基及國際法淺介

一、著作權法

我國憲法明示保障著作自由，惟著作要能獲得充分自由的保障，非常重要的是「著作權不受侵犯」，試想個人的創作，如歌曲、論文、圖畫等，可隨意由他人竊為己有，則何來個人的著作自由權。可見著作權法攸關人民自由的保障，並影響一國文化水平的提升，是頗值重視的表現自由和意見自由。我國著作權係採創作（即生效）主義，茲以列表方式，淺介我國著作權法的內容要點（**表13-2**）。

二、消費者保護法

經濟的動力，可說以「消費」為核心，因為經濟發展來自人類慾望的追求滿足，不論是選擇的問題，或從生產角度，觀察生產什麼、生產多少、如何生產、為誰生產，無不指向消費者，因此我國施行「公平交易法」，期盼企業在法律規範下從事公平自由競爭，雖直接在促進經濟繁榮與秩序，但間接目的亦求達保護消費者利益。尤其是民國83年公布「消費者保護法」，更是以：「為保護消費者權利，促進國民消費生活安全，提升國民消費生活品質」，作為規範的制定目的。

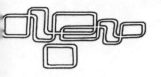

表13-2　我國著作權法之要點

	著作權		製版權
	人格權	財產權	
內涵	1.禁止不當改作權（維護同一性） 2.姓名表示權 3.公開發表權	包括重製，公開口述、播送、上映、演出、展示，改作（小說改成劇本、中文譯成外文……），出租等。	古書、古字畫等的製版排印。
特色	1.不得讓與或繼承 2.視同永續存在	1.得讓與（如贈與或付費取得授權）。 2.創作人死亡後，存續50年（配偶→子女→父母→孫子女依序有遺害請求權）。 3.法人或視聽、錄音、攝影及表演著作，公開發表後存續50年。	製版完成時起算，存續10年。
限制	因授課、教育、館藏、媒體報導、考試命題引用等必要，及公益性活動，得在適度範圍使用他人著作。		
非著作權標的物	1.法令、公文、標語、公式、符號等。 2.新聞報導的文字（圖片專文則有著作權）。 3.依法令舉行如聯考、高普考的考試試題。		

(一)行政監督及爭訟

(1)為研擬及審議消費者保護基本政策與監督其實施，政院下設消費者保護委員會。消費者保護委員會以行政院副院長為主任委員，有關部會首長、全國性消費者保護團體代表、全國性企業經營者代表及學者、專家為委員，並於省（市）及縣（市）政府設消費者服務中心，辦理消費者的諮詢服務、教育宣導、申訴等事項。

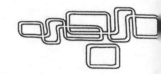

(2)直轄市或縣（市）政府，認為企業經營者提供的商品或服務，有損害消費者生命、身體、健康或財產之虞者，應即進行調查。於調查完成後，得公開其經過及結果。

(3)消費者得向企業經營者、消費者保護團體（如我國著名的消基會）或消費者服務中心「申訴」，企業經營者對於消費者的申訴，應於申訴日起十五日內妥適處理。消費者未獲妥適處理時，得向直轄市、縣（市）政府消費者保護官申訴。

(4)消費者依法申訴未能獲得妥適處理時，得向直轄市、縣（市）政府消費爭議調解委員會申請「調解」，並如提起消費訴訟，得由消費發生地的法院管轄。

(二)消費者權益保護

(1)從事設計、生產、製造商品或提供服務的企業經營者，應確保其提供的商品或服務，無安全或衛生上的危險。如有危害可能，應作明顯的警告標示，並負回收及停止服務的附隨義務。

(2)從事經銷的企業經營者，就商品或服務所生損害，與企業經營者（設計、生產、製造商品或提供服務），連帶負賠償責任。此外進口商與廣告商均就消費者的消費產品「瑕疵」，即未具通常可合理期待的安全性，亦負有高度賠償損害責任。

(3)定型化契約條款若有疑義，應為有利於消費者的解釋；定型化契約的條款違反誠信原則，對消費者顯失公平者，無效。

(4)未經消費者要約，而對其郵寄或投遞的商品，消費者不

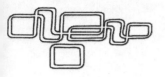

負保管義務。

(5)郵購或訪問買賣的消費者，對所收受的商品不願買受時，得於收受商品後七日內（此謂合理的猶豫時間），退回商品或以書面通知出賣者解除買賣契約，無須說明理由及負擔任何費用或價款。若通知後一個月內出賣人未前來取回商品，消費者不再負保管責任。

(6)企業經營者應確保廣告內容的真實，其對消費者所負義務不得低於廣告的內容。

三、勞動基準法

我國產業競爭力的提升，有待員工的優良素質和權利確保，民國73年乃訂定了勞基法，使能保障勞動條件的國家一定標準，所以本法的旨意即：「為規定勞動條件最低標準，保障勞工權益，加強勞雇關係，促進社會與經濟發展。」

(一)雇主責任

(1)雇主不得以強暴、脅迫、拘禁等非法方法，強制勞工從事勞動。

(2)雇主對於僱用的勞工，應預防職業上災害，建立適當的工作環境及福利設施。故如對於聲、光、空氣的長期傷害，便應有效加以改善。

(二)基本規定

1.工資

由勞雇雙方議定，但不得低於基本工資（由勞委會按國家經濟調整，報院核定）。延長工作時間，工資應加給；且工作相

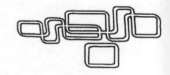

同、效率相同者，不得性別歧視，應予同工同酬。

2.工作時間、休息、休假

(1)工作時間：每日正常工作時間不得超過八小時，每二週工作總數不得超過八十四小時。

(2)休息：勞工繼續工作四小時，至少應有三十分鐘之休息。

(3)特別休假：勞工年資一年以上三年未滿者，給予特別休假七日。三年以上五年未滿者十日。五年以上十年未滿者十四日。十年以上者，每一年加給一日，加至三十日為止。

3.童工、女工

(1)童工：十五歲以上未滿十六歲的受僱從事工作者，不得從事繁重及危險性的工作（未滿十五歲者不得僱用）。

(2)女工：女工不得於午後十時至翌晨六時的時間工作（經核定採晝夜三班制者除外），女工分娩給予產假八星期，妊娠三個月以上流產者，給假四星期，另親自哺乳嬰兒者，給予哺乳時間（每日另給二次時間，每次三十分）。

4.退休

(1)自請退休：工作十五年以上年滿五十五歲者，或工作二十五年以上者。

(2)強制退休：勞工年滿六十歲，或心神喪失、身體殘廢不堪勝任工作者。

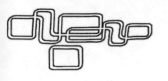

5.職災補償

　　勞工因遭遇職業災害而致死亡、殘廢、傷害或疾病者，雇主應依規定，予以醫療費用、工資數額的補償，與可能的殘廢補償、喪葬及死亡補償。

四、國際法

　　國際法係涉及本國與他國間的權利義務規範，可分為國際公法與國際私法兩類：

(一)國際公法

　　國際公法一般稱為國際法，其存在的表現型態包括：

1.條約

　　條約有兩種，其一為國際各國共通立法性的「一般條約」，其目的係專為制定國際法規而締結，如海洋公約、核武禁爆條例等。其二為「個別條約」，乃本國與另國為特定個別事項而締結的契約，不含有一般的立法性，如中日和約、中泰航線協議。

2.國際慣例

　　國際慣例乃為國際社會所慣行，而有法拘束力的事例。國際法的法源，以國際慣例為最早源起，且最重要。目前國際法的很大部分，仍沿襲國際慣例而來，例如國際間駐外使節的外交轄免權、領事裁判權等。

3.其他

　　國際法院的判例、國際組織的決議及學者學說、衡平法則等，乃為國際法的輔助法源。

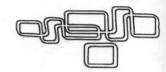

(二)國際私法

國際私法就是決定涉外私法關係應適用何國法律之法。人類生活因交通與網路、資訊、貿易發達結果，已超越國界，而以世界為其領域，如此則私法關係難免涉及外國人民，同時法律要件的全部或一部亦難免有在外國境內發生的情形，諸如此類，因國籍、住所、行為地等要素而發生涉外私法關係時，究應適用國內法抑外國法，必須另闢特別法以求解決。

1.法律性質

國際私法的性質，究為公法或私法，學者見解分歧（惟採公法論較多數），有謂國際私法乃國家決定在國內的外國人所應適用的法律，是規定一個國家與其他國家間的關係，故認為國際私法是公法；或謂國際私法所規定者，乃為私人相互間私法上的權利義務所應適用的法律，與規定國內人民私法上權利義務的民法，性質近乎相同，故認為屬於私法範圍。

2.我國規定

目前的我國係依「涉外民事法律適用法」，解決涉外私法糾紛事件，其公布施行於民國42年，全文共三十一條，內容包括人的行為能力、法律行為的方式、債權讓與、侵權行為及婚姻、離婚、父母子女、監護、扶養、繼承、遺囑等項，如「人的行為能力，依其本國法」、「物權之法律行為，其方式依物之所在地法」、「關於由無因管理、不當得利或其他法律事實而生之債，依事實發生地法」。可見頗尊重外國的國家法律，但是對於外國法亦有下述的限制和補充規定：「依本法適用外國法時，如其規定有背於中華民國公共秩序或善良風俗者，不適用之」，以及：「涉外民事，本法未規定者，適用於其他法律之規

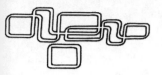

定，其他法律無規定者，依法理」，乃為適用本法應注意的規定。

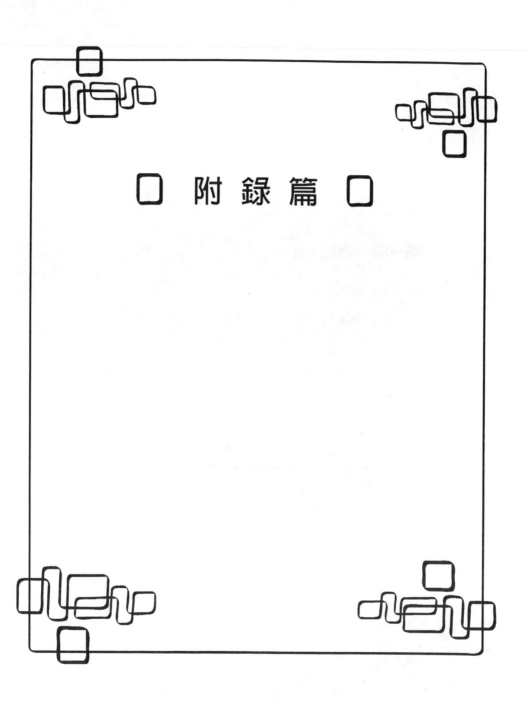

附　錄　篇

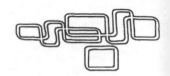

―法規―

民法

第一編　總則

第一章　法例

第一條　（法源）

民事，法律所未規定者，依習慣；無習慣者，依法理。

第二條　（適用習慣之限制）

民事所適用之習慣，以不背於公共秩序或善良風俗者爲限。

第三條　（使用文字之準則）

依法律之規定，有使用文字之必要者，得不由本人自寫，但必須親自簽名。

如有用印章代簽名者，其蓋章與簽名生同等之效力。

如以指印、十字或其他符號代簽名者，在文件上，經二人簽名證明，亦與簽名生同等之效力。

第四條　（以文字爲準）

關於一定之數量，同時以文字及號碼表示者，文字與號碼有不符合時，如法院不能決定何者爲當事人之原意，應以文字爲準。

第五條　（以最低額爲準）

關於一定之數量，以文字或號碼爲數次之表示者，其表示有不符合時，如法院不能決定何者爲當事人之原意，應以最低額爲準。

第二章　人

第一節　自然人

第六條　（自然人權利能力）

人之權力能力，始於出生，終於死亡。

第七條　（胎兒之權利能力）

胎兒以將來非死產者爲限,關於其個人利益之保護,視爲既已出生。

第八條 （死亡宣告）

失蹤人失蹤滿七年後,法院得因利害關係人或檢察官之聲請,爲死亡之宣告。

失蹤人爲八十歲以上者,得於失蹤滿三年後,爲死亡之宣告。

失蹤人爲遭遇特別災難者,得於特別災難終了滿一年後,爲死亡之宣告。

第九條 （死亡時間之推定）

受死亡宣告者,以判決內所確定死亡之時,推定其爲死亡。

前項死亡之時,應爲前條各項所定期間最後日終止之時。但有反證者,不在此限。

第十條 （失蹤人財產之管理）

失蹤人失蹤後,未受死亡宣告前,其財產之管理,依非訟事件法之規定。

第十一條 （同死推定）

二人以上同時遇難,不能證明其死亡之先後時,推定其爲同時死亡。

第十二條 （成年時期）

滿二十歲爲成年。

第十三條 （未成年人及其行爲能力）

未滿七歲之未成年人,無行爲能力。

滿七歲以上之未成年人,有限制行爲能力。

未成年人已結婚者,有行爲能力。

第十四條 （禁治產之宣告及撤銷）

對於心神喪失或精神耗弱致不能處理自己事務者,法院得因本人、配偶、最近親屬二人或檢察官之聲請,宣告禁治產。

禁治產之原因消滅時,應撤銷其宣告。

第十五條 （禁治產人之能力）

禁治產人,無行爲能力。

第十六條 （能力之保護）

權利能力及行爲能力,不得拋棄。

第十七條 （自由之保護）

自由不得拋棄。

自由之限制,以不背於公共秩序或善良風俗者爲限。

第十八條 （人格權之保護）

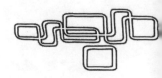

人格權受侵害時，得請求法院除去其侵害；有受侵害之虞時，
得請求防止之。

前項情形，以法律有特別規定者爲限，得請求損害賠償或慰撫
金。

第十九條　（姓名權之保護）

姓名權受侵害者，得請求法院除去其侵害，並得請求損害賠
償。

第二十條　（住所之設定）

依一定事實，足認以久住之意思，住於一定之地域者，即爲
設定其住所於該地。

一人同時不得有兩住所。

第二十一條　（無行爲能力人及限制行爲能力人之住所）

無行爲能力人及限制行爲能力人，以其法定代理人之住所爲
住所。

第二十二條　（居所視爲住所(一)）

遇有左列情形之一者，其居所視爲住所：

一　住所無可考者。

二　在中國無住所者。但依法須依住所地法者，不在此限。

第二十三條　（居所視爲住所(二)）

因特定行爲選定居所者，關於其行爲，視爲住所。

第二十四條　（住所之廢止）

依一定事實，足認以廢止之意思離去其住所者，即爲廢止其
住所。

第二節　法人

第一款　通則

第二十五條　（法人成立法定原則）

法人非依本法或其他法律之規定，不得成立。

第二十六條　（法人權利能力）

法人於法令限制內，有享受權利、負擔義務之能力。但專屬
於自然人之權利義務，不在此限。

第二十七條　（法人之機關）

法人應設董事。董事有數人者，法人事務之執行，除章程另
有規定外，取決於全體董事過半數之同意。

董事就法人一切事務，對外代表法人。董事有數人者，除章
程另有規定外，各董事均得代表法人。

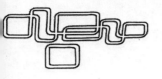

對於董事代表權所加之限制，不得對抗善意第三人。

法人得設監察人，監察法人事務之執行。監察人有數人者，除章程另有規定外，各監察人均得單獨行使監察權。

第二十八條　（法人侵權責任）

法人對於其董事或其他有代表權之人因執行職務所加於他人之損害，與該行為人連帶負賠償之責任。

第二十九條　（法人住所）

法人以其主事務所之所在地為住所。

第三十條　　（法人設立登記）

法人非經向主管機關登記，不得成立。

第三十一條　（登記之效力）

法人登記後，有應登記之事項而不登記，或已登記之事項有變更而不為變更之登記者，不得以其事項對抗第三人。

第三十二條　（法人業務監督）

受設立許可之法人，其業務屬於主管機關監督，主管機關得檢查其財產狀況及其有無違反許可條件與其他法律之規定。

第三十三條　（妨礙監督權行使之處罰）

受設立許可法人之董事或監察人，不遵主管機關監督之命令，或妨礙其檢查者，得處以五千元以下之罰鍰。

前項董事或監察人違反法令或章程，足以危害公益或法人之利益者，主管機關得請求法院解除其職務，並為其他必要之處置。

第三十四條　（撤銷法人許可）

法人違反設立許可之條件者，主管機關得撤銷其許可。

第三十五條　（法人之破產及其聲請）

法人之財產不能清償債務時，董事應即向法院聲請破產。

不為前項聲請，致法人之債權人受損害時，有過失之董事，應負賠償責任，其有二人以上時，應連帶負責。

第三十六條　（法人宣告解散）

法人之目的或其行為，有違反法律、公共秩序或善良風俗者，法院得因主管機關、檢查官或利害關係人之請求，宣告解散。

第三十七條　（法定清算人）

法人解散後，其財產之清算，由董事為之。但其章程有特別規定，或總會另有決議者，不在此限。

第三十八條　（選任清算人）

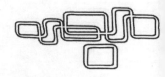

不能依前條規定，定其清算人時，法院得因主管機關、檢察官或利害關係人之申請，或依職權，選任清算人。

第三十九條　（清算人之解任）

清算人，法院認為有必要時，得解除其任務。

第四十條　（清算人之職務及法人存續之擬制）

清算人之職務如左：

一　了結現務。

二　收取債權，清償債務。

三　移交賸餘財產於應得者。

法人至清算終結止，在清算之必要範圍內，視為存續。

第四十一條　（清算之程序）

清算之程序，除本通則有規定外，準用股份有限公司清算之規定。

第四十二條　（清算之監督機關及方法）

法人之清算，屬於法院監督。法院得隨時為監督上必要之檢查及處分。

法人經主管機關撤銷許可或命令解散者，主管機關應同時通知法院。

法人經依章程規定或總會決議解散者，董事應於十五日內報告法院。

第四十三條　（妨礙之處罰）

清算不遵法院監督命令，或妨礙檢查者，得處以五千元以下之罰鍰。董事違反前條第三項之規定者亦同。

第四十四條　（賸餘財產之歸屬）

法人解散後，除法律另有規定外，於清償債務後，其賸餘財產之歸屬，應依其章程之規定，或總會之決議。但以公益為目的之法人解散時，其賸餘財產不得歸屬於自然人或以營利為目的之團體。

以無前項法律或章程之規定或總會之決議時，其賸餘財產歸屬於法人住所所在地之地方自治團體。

第二款　社團

第四十五條　（營利法人之設立）

以營利為目的之社團，其取得法人資格，依特別法之規定。

第四十六條　（公益法人之設立）

以公益為目的之社團，於登記前，應得主管機關之許可。

第四十七條　（章程應載事項）

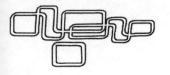

設立社團者，應訂定章程，其應記載之事項如左：

一 目的。

二 名稱。

三 董事之人數、任期及任免。設有監察人者，其人數、任
期及任免。

四 總會召集之條件、程序及其決議證明之方法。

五 社員之出資。

六 社員資格之取得與喪失。

七 訂定章程之年、月、日。

第四十八條 （社團設立登記事項）

社團設立時，應登記之事項如左：

一 目的。

二 名稱。

三 主事務所及分事務所。

四 董事之姓名及住所。設有監察人者，其姓名及住所。

五 財產之總額。

六 應受設立許可者，其許可之年、月、日。

七 定有出資方法者，其方法。

八 定有代表法人之董事者，其姓名。

九 定有存立時期者，其時期。

社團之登記，由董事向其主事務所及分事務所所在地之主管
機關行之，並應附具章程備案。

第四十九條 （章程得載事項）

社團之組織及社團與社員之關係，以不違反第五十條至第五
十八條之規定為限，得以章程定之。

第五十條 （社團總會之權限）

社團以總會為最高機關。

左列事項應經總會之決議：

一 變更章程。

二 任免董事及監察人。

三 監督董事職務及監察人之執行。

四 開除社員。但以有正當理由時為限。

第五十一條 （社團總會之召集）

總會由董事召集之，每年至少召集一次。董事不為召集時，
監察人得召集之。

如有全體社員十分一以上之請求，表明會議目的及召集理

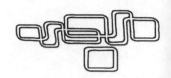

由，請求召集時，董事應召集之。

董事受前項之請求後，一個月內不為召集者，得由請求之社員，經法院之許可召集之。

總會之召集，除章程另有規定外，應於三十日前對各社員發出通知。通知內應載明會議目的事項。

第五十二條　（總會之通常決議）

總會決議，除本法有特別規定外，以出席社員過半數決之。

社員有平等之表決權。

社員表決權之行使，除章程另有限制外，得以書面授權他人代理為之。但一人僅得代理社員一人。

社員對於總會決議事項，因自身利害關係而有損害社團利益之虞時，該社員不得加入表決，亦不得代理他人行使表決權。

第五十三條　（社團章程之變更）

社團變更章程之決議，應有全體社員過半數之出席，出席社員四分之三以上之同意，或有全體社員三分二以上書面之同意。

受設立許可之社團，變更章程時，並應得主管機關之許可。

第五十四條　（社員退社自由原則）

社員得隨時退社。但章程限定於事務年度終，或經過預告期間後，始准退社者，不在此限。

前項預告期間，不得超過六個月。

第五十五條　（退社或開除後之權利義務）

已退社或開除之社員，對於社團之財產無請求權。但非公益法人，其章程另有規定者，不在此限。

前項社員，對於其退社或開除以前應分擔之出資，仍負清償之義務。

第五十六條　（總會之無效及撤銷）

總會之召集程序或決議方法，違反法令或章程時，社員得於決議後三個月內請求法院撤銷其決議。但出席社員，對召集程序或決議方法，未當場表示異議者，不在此限。

總會決議之內容違反法令或章程者，無效。

第五十七條　（社團決議解散）

社團得隨時以全體社員三分二以上之可決解散之。

第五十八條　（法院宣告解散）

社團之事務，無從依章程所定進行時，法院得因主管機關、

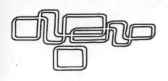

檢察官或利害關係人之聲請解散之。

第三款　財團

第五十九條　（設立許可）

財團於登記前，應得主管機關之許可。

第六十條　（捐助章程之訂定）

設立財團者，應訂立捐助章程。但以遺囑捐助者，不在此限。

捐助章程，應訂明法人目的及所捐財產。

以遺囑捐助設立財團法人者，如無遺囑執行人時，法院得依主管機關、檢察官或利害關係人之聲請，指定遺囑執行人。

第六十一條　（財團設立登記事項）

財團設立時，應登記之事項如左：

一　目的。

二　名稱。

三　主事務所及分事務所。

四　財產之總額。

五　受許可之年、月、日。

六　董事之姓名及住所。設有監察人者，其姓名及住所。

七　定有代表法人之董事者，其姓名。

八　定有存立時期者，其時期。

財團之登記，由董事向其主事務所及分事務所所在地之主管機關行之。並應附具捐助章程或遺囑備案。

第六十二條　（財團組織及管理方法）

財團之組織及其管理方法，由捐助人以捐助章程或遺囑定之。捐助章程或遺囑所定之組織不完全，或重要之管理方法不具備者，法院得因主管機關、檢察官或利害關係人之聲請，為必要之處分。

第六十三條　（財團變更組織）

為維持財團之目的或保存其財產，法院得因捐助人、董事、主管機關、檢察官或利害關係人之聲請，變更其組織。

第六十四條　（財團董事行為無效之宣告）

財團董事，有違反捐助章程之行為時，法院得因主管機關、檢察官或利害關係人之聲請，宣告其行為為無效。

第六十五條　（財團目的不達時之保護）

因情事變更，致財團之目的不能達到時，主管機關得斟酌捐助人之意思，變更其目的及其必要之組織，或解散之。

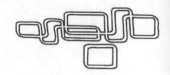

第三章　物

第六十六條　（物之意義(一)─不動產）

　　　　　　稱不動產者，謂土地及其定著物。

　　　　　　不動產之出產物，尚未分離者，爲該不動產之部分。

第六十七條　（物之意義(二)─動產）

　　　　　　稱動產者，爲前條所稱不動產以外之物。

第六十八條　（主物與從物）

　　　　　　非主物之成分，常助主物之效用，而同屬於一人者，爲從
　　　　　　物。但交易上有特別習慣者，依其習慣。

　　　　　　主物之處分，及於從物。

第六十九條　（天然孳息與法定孳息）

　　　　　　稱天然孳息者，謂果實、動物之產物及其他依物之用法所收
　　　　　　穫之出產物。

　　　　　　稱法定孳息者，謂利息、租金及其他因法律關係所得之收
　　　　　　益。

第七十條　（孳息之歸屬）

　　　　　　有收取天然孳息權利之人，其權利存續期間內，取得與原物
　　　　　　分離之孳息。

　　　　　　有收取法定孳息權利之人，按其權利存續期間內之日數，取
　　　　　　得其孳息。

第四章　法律行爲

第一節　通則

第七十一條　（違反強行法之效力）

　　　　　　法律行爲，違反強制或禁止之規定者，無效。但其規定並不
　　　　　　以之爲無效者，不在此限。

第七十二條　（違背公序良俗之效力）

　　　　　　法律行爲，有背於公共秩序或善良風俗者，無效。

第七十三條　（不依法定方式之效力）

　　　　　　法律行爲，不依法定方式者，無效。但法律另有規定者，不
　　　　　　在此限。

第七十四條　（暴利行爲）

　　　　　　法律行爲，係乘他人之急迫、輕率或無經驗，使其爲財產上
　　　　　　之給付或爲給付之約定，依當時情形顯失公平者，法院得因
　　　　　　利害關係人之聲請，撤銷其法律行爲或減輕其給付。

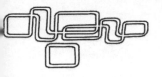

前項聲請，應於法律行爲後一年內爲之。

第二節　行爲能力

第七十五條　　（無行爲能力人及無意識能力人之意思表示）
　　　　　　　無行爲能力人之意思表示，無效；雖非無行爲能力人，而其
　　　　　　　意思表示，係在無意識或精神錯亂中所爲者亦同。

第七十六條　　（無行爲能力人之代理）
　　　　　　　無行爲能力人由法定代理人代爲意思表示，並代受意思表
　　　　　　　示。

第七十七條　　（限制行爲能力人之意思表示）
　　　　　　　限制行爲能力人爲意思表示及受意思表示，應得法定代理人
　　　　　　　之允許。但純獲法律上之利益或依其年齡及身分，日常生活
　　　　　　　所必需者，不在此限。

第七十八條　　（限制行爲能力人爲單獨行爲之效力）
　　　　　　　限制行爲能力人未得法定代理人之允許，所爲之單獨行爲，
　　　　　　　無效。

第七十九條　　（限制行爲能人訂立契約之效力）
　　　　　　　限制行爲能力人未得法定代理人之允許，所訂立之契約，須
　　　　　　　經法定代理人之承認，始生效力。

第八十條　　　（相對人之催告權）
　　　　　　　前條契約相對人，得定一個月以上期限，催告法定代理人，
　　　　　　　確答是否承認。
　　　　　　　於前項期限內，法定代理人不爲確答者，視爲拒絕承認。

第八十一條　　（限制原因消滅後之承認）
　　　　　　　限制行爲能力人於限制原因消滅後，承認其所訂立之契約
　　　　　　　者，其承認與法定代理人之承認，有同一效力。
　　　　　　　前條規定，於前項情形準用之。

第八十二條　　（相對人之撤回權）
　　　　　　　限制行爲能力人所訂立之契約，未經承認前，相對人得撤回
　　　　　　　之。但訂立契約時，知其未得有允許者，不在此限。

第八十三條　　（強制有效行爲）
　　　　　　　限制行爲能力人用詐術使人信其爲有行爲能力人或已得法定
　　　　　　　代理人之允許者，其法律行爲爲有效。

第八十四條　　（特定財產處分之允許）
　　　　　　　法定代理人允許限制行爲能力人處分之財產，限制行爲能力
　　　　　　　人，就該財產有處分之能力。

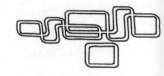

第八十五條　（獨立營業之允許）

　　法定代理人允許限制行為能力人獨立營業者，限制行為能力人，關於其營業，有行為能力。

　　限制行為能力人，就其營業有不勝任之情形時，法定代理人得將其允許撤銷或限制之。但不得對抗善意第三人。

第三節　意思表示

第八十六條　（眞意保留或單獨虛偽意思表示）

　　表意人無欲為其意思表示所拘束之意，而為意思表示者，其意思表示，不因之無效。但其情形為相對人所明知者，不在此限。

第八十七條　（虛偽意思表示）

　　表意人與相對人通謀而為虛偽意思表示者，其意思表示無效。但不得以其無效對抗善意第三人。

　　虛偽意思表示，隱藏他項法律行為者，適用關於該項法律行為之規定。

第八十八條　（錯誤之意思表示）

　　意思表示之內容有錯誤，或表意人若知其事情即不為意思表示者，表意人得將其意思表示撤銷之。但以其錯誤或不知事情，非由表意人自己之過失者為限。

　　當事人之資格或物之性質，若交易上認為重要者，其錯誤，視為意思表示內容之錯誤。

第八十九條　（傳達錯誤）

　　意思表示，因傳達人或傳達機關不實者，得比照前條之規定撤銷之。

第九十條　（錯誤表示撤銷之除斥期間）

　　前二條之撤銷權，自意思表示後，經過一年而消滅。

第九十一條　（錯誤表意人之賠償責任）

　　依第八十八條及第八十九條之規定，撤銷意思表示時，表意人對於信其意思表示為有效而受損害之相對人或第三人，應負賠償責任。但其撤銷之原因，受害人明知或可得而知者，不在此限。

第九十二條　（意思表示之不自由）

　　因被詐欺或被脅迫而為意思表示者，表意人得撤銷其意思表示。但詐欺係由第三人所為者，以相對人明知其事實或可得而知者為限，始得撤銷之。

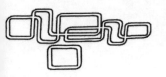

被詐欺而爲之意思表示，其撤銷不得以之對抗善意第三人。

第九十三條　　（撤銷不自由意思表示之除斥期間）

前條之撤銷，應於發見詐欺或脅迫終止後，一年內爲之。但自意思表示後，經過十年，不得撤銷。

第九十四條　　（對話意思表示之生效時期）

對話人爲意思表示者，其意思表示，以相對人了解時，發生效力。

第九十五條　　（非對話意思表示之生效時期）

非對話而爲意思表示者，其意思表示，以通知達到相對人時，發生效力。但撤回之通知，同時或先時到達者，不在此限。

表意人於發出通知後死亡或喪失行爲能力或其行爲能力受限制者，其意思表示，不因之失其效力。

第九十六條　　（向無行爲能力人或限制行爲能力人爲意思表示之生效時期）

向無行爲能力人或限制行爲能力人爲意思表示者，以其通知達到其法定代理人時，發生效力。

第九十七條　　（公示送達）

表意人非因自己之過失，不知相對人之姓名、居所者，得依民事訴訟法公示送達之規定，以公示送達爲意思表示之通知。

第九十八條　　（意思表示之解釋）

解釋意思表示，應探求當事人之眞意，不得拘泥於所用之辭句。

第四節　條件及期限

第九十九條　　（停止條件與解除條件）

附停止條件之法律行爲，於條件成就時，發生效力。

附解除條件之法律行爲，於條件成就時，失其效力。

依當事人之特約，使條件成就之效果，不於條件成就之時發生者，依其特約。

第一百條　　　（附條件利益之保護）

附條件之法律行爲當事人，於條件成否未定前，若有損害相對人因條件成就所應得利益之行爲者，負賠償損害之責任。

第一百零一條　　（條件成就或不成就之擬制）

因條件成就而受不利益之當事人，如以不正當行爲阻其條

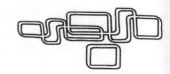

件之成就者，視爲條件已成就。

因條件成就而受利益之當事人，如以不正當行爲促其條件之成就者，視爲條件不成就。

第一百零二條　（附期限法律行爲之效力及其保護）

附始期之法律行爲，於期限屆至時，發生效力。

附終期之法律行爲，於期限屆滿時，失其效力。

第一百條之規定，於前二項情形準用之。

第五節　代理

第一百零三條　（代理行爲之要件及效力）

代理人於代理權限內，以本人名義所爲之意思表示，直接對本人發生效力。

前項規定，於應向本人爲意思表示，而向其代理人爲之者，準用之。

第一百零四條　（代理人之能力）

代理人所爲或所受意思表示之效力，不因其爲限制行爲能力人而受影響。

第一百零五條　（代理行爲之瑕疵）

代理人之意思表示，因其意思欠缺、被詐欺、被脅迫，或明知其事情或可得而知其事情，致其效力受影響時，其事實之有無，應就代理人決之。但代理人之代理權係以法律行爲授與者，其意思表示，如依照本人所指示之意思而爲時，其事實之有無，應就本人決之。

第一百零六條　（自己代理及雙方代理之禁止）

代理人非經本人之許諾，不得爲本人與自己之法律行爲，亦不得既爲第三人之代理人，而爲本人與第三人之法律行爲。但其法律行爲，係專履行債務者，不在此限。

第一百零七條　（代理權之限制與撤回）

代理權之限制及撤回，不得以之對抗善意第三人。但第三人因過失而不知其事實者，不在此限。

第一百零八條　（代理權之消滅及撤回）

代理權之消滅，依其所由授與之法律關係定之。

代理權，得於其所由授與之法律關係存續中撤回之。但依該法律關係之性質不得撤回者，不在此限。

第一百零九條　（授權書交還義務）

代理權消滅或撤回時，代理人須將授權書交還於授權者，

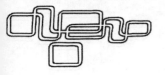

不得留置。

第一百十條　　（無權代理人之責任）

無代理權人，以他人之代理人名義所爲之法律行爲，對於善意之相對人，負損害賠償之責。

第六節　無效及撤銷

第一百十一條　　（一部無效之效力）

法律行爲之一部分無效者，全部皆爲無效。但除去該部分亦可成立者，則其他部分，仍爲有效。

第一百十二條　　（無效行爲之轉換）

無效之法律行爲，若具備他法律行爲之要件，並因其情形，可認當事人若知其無效，即欲爲他法律行爲者，其他法律行爲，仍爲有效。

第一百十三條　　（無效行爲當事人之責任）

無效法律行爲之當事人，於行爲當時知其無效，或可得而知者，應負回復原狀或損害賠償之責任

第一百十四條　　（撤銷之自始無效）

法律行爲經撤銷者，視爲自始無效。

當事人知其得撤銷或可得而知者，其法律行爲撤銷時，準用前條之規定。

第一百十五條　　（承認之溯及效力）

經承認之法律行爲，如無特別訂定，溯及爲法律行爲時發生效力。

第一百十六條　　（撤銷及承認之方法）

撤銷及承認，應以意思表示爲之。

如相對人確定者，前項意思表示，應向相對人爲之。

第一百十七條　　（同意或拒絕之方法）

法律行爲須得第三人之同意始生效力者，其同意或拒絕，得向當事人之一方爲之。

第一百十八條　　（無權處分）

無權利人就權利標的物所爲之處分，經有權利人之承認始生效力。

無權利人就權利標的物爲處分後，取得其權利者，其處分自始有效。但原權利人或第三人已取得之利益，不因此而受影響。

前項情形，若數處分相牴觸時，以其最初之處分爲有效。

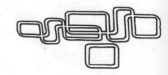

第五章　期日及期間

第一百十九條　（本章規定之適用範圍）

法令、審判或法律行為所定之期日及期間，除有特別訂定外，其計算依本章之規定。

第一百二十條　（期間之起算）

以時定期間者，即時起算。

以日、星期、月或年定期間者，其始日不算入。

第一百二十一條　（期間之終止）

以日、星期、月或年定期間者，以期間末日之終止，為期間之終止。

期間不以星期、月或年之始日起算者，以最後之星期、月或年與起算日相當日之前一日，為期間之末日。但以月或年定期間，於最後之月，無相當日者，以其月之末日，為期間之末日。

第一百二十二條　（期間終止之延長）

於一定期日或期間內，應為意思表示或給付者，其期日或其期間之末日，為星期日、紀念日或其他休息日時，以其休息日之次日代之。

第一百二十三條　（連續或非連續期間之計算法）

稱月或年者，依曆計算。

月或年非連續計算者，每月為三十日，每年為三百六十五日。

第一百二十四條　（年齡之計算）

年齡自出生之日起算。

出生之月、日無從確定時，推定其為七月一日出生。知其出生之月，而不知其出生之日者，推定其為該月十五日出生。

第六章　消滅時效

第一百二十五條　（一般時效期間）

請求權，因十五年間不行使而消滅。但法律所定期間較短者，依其規定。

第一百二十六條　（五年之短期時效期間）

利息、紅利、租金、贍養費、退職金及其他一年或不及一年之定期給付債權，其各期給付請求權，因五年間不

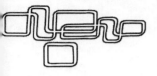

行使而消滅。

第一百二十七條　（二年之短期時效期間）

左列各款請求權，因二年間不行使而消滅：

一　旅店、飲食店及娛樂場之住宿費、飲食費、座費、消費物之代價及其墊款。

二　運送費及運送人所墊之款。

三　以租賃動產爲營業者之租價。

四　醫生、藥師、看護生之診費、藥費、報酬及其墊款。

五　律師、會計師、公證人之報酬及其墊款。

六　律師、會計師、公證人所收當事人物件之交還。

七　技師、承攬人之報酬及其墊款。

八　商人、製造人、手工業人所供給之商品及產物之代價。

第一百二十八條　（消滅時效之起算）

消滅時效，自請求權可行使時起算。以不行爲爲目的之請求權，自爲行爲時起算。

第一百二十九條　（消滅時效中斷之事由）

消滅時效，因左列事由而中斷：

一　請求。

二　承認。

三　起訴。

左列事項，與起訴有同一效力：

一　依督促程序，聲請發支付命令。

二　聲請調解或提付仲裁。

三　申報和解債權或破產債權。

四　告知訴訟。

五　開始執行行爲或聲請強制執行。

第一百三十條　（不起訴視爲不中斷）

時效因請求而中斷者，若於請求後六個月內不起訴，視爲不中斷。

第一百三十一條　（因訴之撤回或駁回而視爲不中斷）

時效因起訴而中斷者，若撤回其訴，或因不合法而受駁回之裁判，其裁判確定，視爲不中斷。

第一百三十二條　（因送達支付命令而中斷時效之限制）

時效因聲請發支付命令而中斷者，若撤回聲請，或受駁

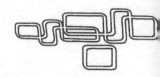

　　　　　　　　回之裁判，或支付命令失其效力時，視爲不中斷。

第一百三十三條　（因聲請調解提付仲裁而中斷時效之限制）

　　　　　　　　時效因聲請調解或提付仲裁而中斷者，若調解之聲請經
　　　　　　　　撤回、被駁回、調解不成立或仲裁之請求經撤回、仲裁
　　　　　　　　不能達成判斷時，視爲不中斷。

第一百三十四條　（因申報和解或破產債權而中斷時效之限制）

　　　　　　　　時效因申報和解債權或破產債權而中斷者，若債權人撤
　　　　　　　　回其申報時，視爲不中斷。

第一百三十五條　（因告知訴訟而中斷時效之限制）

　　　　　　　　時效因告知訴訟而中斷者，若於訴訟終結後，六個月內
　　　　　　　　不起訴，視爲不中斷。

第一百三十六條　（因執行而中斷時效之限制）

　　　　　　　　時效因開始執行行爲而中斷者，若因權利人之聲請，或
　　　　　　　　法律上要件之欠缺而撤銷其執行處分時，視爲不中斷。
　　　　　　　　時效因聲請強制執行而中斷者，若撤回其聲請，或其聲
　　　　　　　　請被駁回時，視爲不中斷。

第一百三十七條　（時效中斷及於時之效力）

　　　　　　　　時效中斷者，自中斷之事由終止時，重行起算。
　　　　　　　　因起訴而中斷之時效，自受確定判決，或因其他方法訴
　　　　　　　　訟終結時，重行起算。
　　　　　　　　經確定判決或其他與確定判決有同一效力之執行名義所
　　　　　　　　確定之請求權，其原有消滅時效期間不滿五年者，因中
　　　　　　　　斷而重行起算之時效期間爲五年。

第一百三十八條　（時效中斷及於人之效力）

　　　　　　　　時效中斷，以當事人、繼承人、受讓人之間爲限，始有
　　　　　　　　效力。

第一百三十九條　（時效因事變而不完成）

　　　　　　　　時效之期間終止時，因天災或其他不可避免之事變，致
　　　　　　　　不能中斷其時效者，自其妨礙事由消滅時起，一個月
　　　　　　　　內，其時效不完成。

第一百四十條　　（時效因繼承人、管理人未確定而不完成）

　　　　　　　　屬於繼承財產之權利或對於繼承財產之權利，自繼承人
　　　　　　　　確定或管理人選定或破產之宣告時起，六個月內，其時
　　　　　　　　效不完成。

第一百四十一條　（時效因欠缺法定代理人而不完成）

　　　　　　　　無行爲能力人或限制行爲能力人之權利，於時效期間終

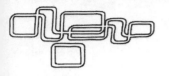

止前六個月內,若無法定代理人者,自其成爲行爲能力
人或其法定代理人就職時起,六個月內,其時效不完
成。

第一百四十二條　（因法定代理關係存在而不完成）

無行爲能力人或限制行爲能力人,對於其法定代理人之
權利,於代理關係消滅後一年內,其時效不完成。

第一百四十三條　（因夫妻關係存在而不完成）

夫對於妻或妻對於夫之權利,於婚姻關係消滅後一年
內,其時效不完成。

第一百四十四條　（時效完成之效力—發生抗辯權）

時效完成後,債務人得拒絕給付。

請求權已經時效消滅,債務人仍爲履行之給付者,不得
以不知時效爲理由,請求返還。其以契約承認該債務或
提出擔保者亦同。

第一百四十五條　（附有擔保物權之請求權時效完成之效力）

以抵押權、質權或留置權擔保之請求權,雖經時效消
滅,債權人仍得就其抵押物、質物或留置物取償。

前項規定,於利息及其他定期給付之各期給付請求權,
經時效消滅者,不適用之。

第一百四十六條　（主權利時效完成效力所及範圍）

主權利因時效消滅者,其效力及於從權利。但法律有特
別規定者,不在此限。

第一百四十七條　（伸縮時效期間及拋棄時效利益之禁止）

時效期間,不得以法律行爲加長或減短之。並不得預先
拋棄時效之利益。

第七章　權利之行使

第一百四十八條　（權利行使之界限）

權利之行使,不得違反公共利益,或以損害他人爲主要
目的。

行使權利,履行義務,應依誠實及信用方法。

第一百四十九條　（正當防衛）

對於現時不法之侵害,爲防衛自己或他人之權利所爲之
行爲,不負損害賠償之責。但已逾越必要程度者,仍應
負相當賠償之責。

第一百五十條　（緊急避難）

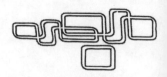

因避免自己或他人生命、身體、自由或財產上急迫之危險所為之行為，不負損害賠償之責。但以避免危險所必要，並未逾越危險所能致之損害程度者為限。

前項情形，其危險之發生，如行為人有責任者，應負損害賠償之責。

第一百五十一條　（自助行為）

為保護自己權利，對於他人之自由或財產施以拘束、押收或毀損者，不負損害賠償之責。但以不及受法院或其他有關機關援助，並非於其時為之，則請求權不得實行或其實行顯有困難者為限。

第一百五十二條　（自助行為人之義務及責任）

依前條之規定，拘束他人自由或押收他人財產者，應即時向法院聲請處理。

前項聲請被駁回或其聲請遲延者，行為人應負損害賠償之責。

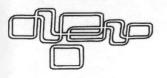

刑法

第一編　總則

第一章　法例

第一條　（罪刑法定主義）

　　行為之處罰，以行為時之法律有明文規定者，為限。

第二條　（從新從輕主義）

　　行為後法律有變更者，適用裁判時之法律。但裁判前之法律有利於行為人者，適用最有利於行為人之法律。

　　保安處分適用裁判時之法律。

　　處罰之裁判確定後，未執行或執行未完畢，而法律有變更，不處罰其行為者，免其刑之執行。

第三條　（屬地主義）

　　本法於在中華民國領域內犯罪者，適用之。在中華民國領域外之中華民國船艦或航空機內犯罪者，以在中華民國領域內犯罪論。

第四條　（隔地犯）

　　犯罪之行為或結果，有一在中華民國領域內者，為在中華民國領域內犯罪。

第五條　（保護主義、世界主義—國外犯罪之適用）

　　本法於凡在中華民國領域外犯左列各罪者，適用之：

一　內亂罪。

二　外患罪。

三　偽造貨幣罪。

四　第二百零一條及第二百零二條之偽造有價證券罪。

五　第二百十一條、第二百十四條、第二百十六條及第二百十八條之偽造文書印文罪。

六　鴉片罪。

七　第二百九十六條之妨害自由罪。

八　第三百三十三條及第三百三十四條之海盜罪。

第六條　（屬人主義(一)—公務員國外犯罪之適用）

　　本法於中華民國公務員在中華民國領域外犯左列各罪者，適用之：

一　第一百二十一條至第一百二十三條、第一百二十五條、第一

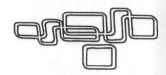

百二十六條、第一百二十九條、第一百三十一條、第一百三十二條及第一百三十四條之瀆職罪。

二　第一百六十三條之脫逃罪。

三　第二百十三條之偽造文書罪。

四　第三百三十六條第一項之侵占罪。

第七條　（屬人主義(二)—國民國外犯罪之適用）

本法於中華民國人民在中華民國領域外犯前二條以外之罪，而其最輕本刑為三年以上有期徒刑者，適用之。但依犯罪地之法律不罰者，不在此限。

第八條　（國外對國人犯罪之適用）

前條之規定，於在中華民國領域外對於中華民國人民犯罪之外國人，準用之。

第九條　（外國裁判服刑之效力）

同一行為雖經外國確定裁判，仍得依本法處斷。但在外國已受刑之全部或一部執行者，得免其刑之全部或一部之執行。

第十條　（名詞定義）

稱以上、以下、以內者，俱連本數或本刑計算。

稱公務員者，謂依法令從事於公務之人員。

稱公文書者，謂公務員職務上制作之文書。

稱重傷者，謂左列傷害：

一　毀敗一目或二目之視能。

二　毀敗一耳或二耳之聽能。

三　毀敗語能、味能或嗅能。

四　毀敗一肢以上之機能。

五　毀敗生殖之機能。

六　其他於身體或健康，有重大不治或難治之傷害。

稱性交者，謂左列性侵入行為：

一　以性器進入他人之性器、肛門或口腔之行為。

二　以性器以外之其他身體部位或器物進入他人之性器、肛門之行為。

第十一條　（本總則對於其他刑罰法規之適用）

本法總則於其他法令有刑罰之規定者，亦適用之。但其他法令有特別規定者，不在此限。

第二章　刑事責任

第十二條　（犯罪之責任要件—故意、過失）

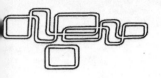

行為非出於故意或過失者，不罰。

過失行為之處罰，以有特別規定者，為限。

第十三條　（直接故意與間接故意）

行為人對於構成犯罪之事實，明知並有意使其發生者，為故意。

行為人對於構成犯罪之事實，預見其發生而其發生並不違背其本意者，以故意論。

第十四條　（無認識之過失與有認識之過失）

行為人雖非故意，但按其情節應注意，並能注意，而不注意者，為過失。

行為人對於構成犯罪之事實，雖預見其能發生而確信其不發生者，以過失論。

第十五條　（不作為犯）

對於一定結果之發生，法律上有防止之義務，能防止而不防止者，與因積極行為發生結果者同。

因自己行為致有發生一定結果之危險者，負防止其發生之義務。

第十六條　（法律之不知與錯誤）

不得因不知法律而免除刑事責任。但按其情節，得減輕其刑；如自信其行為為法律所許可而有正當理由者，得免除其刑。

第十七條　（加重結果犯）

因犯罪致發生一定之結果，而有加重其刑之規定者，如行為人不能預見其發生時，不適用之。

第十八條　（責任能力(一)—年齡標準）

未滿十四歲人之行為，不罰。

十四歲以上未滿十八歲人之行為，得減輕其刑。

滿八十歲人之行為，得減輕其刑。

第十九條　（責任能力(二)—精神狀態）

心神喪失人之行為，不罰。

精神耗弱人之行為，得減輕其刑。

第二十條　（責任能力(三)—生理狀態）

瘖啞人之行為，得減輕其刑。

第二十一條　（依法令之行為）

依法令之行為，不罰。

依所屬上級公務員命令之職務上行為，不罰。但明知命令違法者，不在此限。

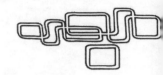

第二十二條　（業務上正當行為）

業務上之正當行為，不罰。

第二十三條　（正當防衛）

對於現在不法之侵害，而出於防衛自己或他人權利之行為，不罰。但防衛行為過當者，得減輕或免除其刑。

第二十四條　（緊急避難）

因避免自己或他人生命、身體、自由、財產之緊急危難而出於不得已之行為，不罰。但避難行為過當者，得減輕或免除其刑。

前項關於避免自己危難之規定，於公務上或業務上有特別義務者，不適用之。

第三章　未遂犯

第二十五條　（未遂犯）

已著手於犯罪行為之實行而不遂者，為未遂犯。

未遂犯之處罰，以有特別規定者，為限。

第二十六條　（未遂犯及不能犯之處罰）

未遂犯之處罰，得按既遂犯之刑減輕之。但其行為不能發生犯罪之結果，又無危險者，減輕或免除其刑。

第二十七條　（中止犯）

已著手於犯罪行為之實行，而因己意中止或防止其結果之發生者，減輕或免除其刑。

第四章　共犯

第二十八條　（共同正犯）

二人以上共同實施犯罪之行為者，皆為正犯。

第二十九條　（教唆犯及其處罰）

教唆他人犯罪者，為教唆犯。

教唆犯，依其所教唆之罪處罰之。

被教唆人雖未至犯罪，教唆犯仍以未遂犯論。但以所教唆之罪有處罰未遂犯之規定者，為限。

第三十條　（從犯及其處罰）

幫助他人犯罪者，為從犯。雖他人不知幫助之情者，亦同。

從犯之處罰，得按正犯之刑減輕之。

第三十一條　（共犯與身分）

因身分或其他特定關係成立之罪，其共同實施或教唆幫助

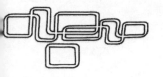

者，雖無特定關係，仍以共犯論。

因身分或其他特定關係致刑有重輕或免除者，其無特定關係之人，科以通常之刑。

第五章　刑

第三十二條　（刑罰之種類）

　　刑分爲主刑及從刑。

第三十三條　（主刑之種類）

　　主刑之種類如左：

　　一　死刑。

　　二　無期徒刑。

　　三　有期徒刑：二月以上，十五年以下。但遇有加減時，得減至二月未滿，或加至二十年。

　　四　拘役：一日以上，二月未滿，但遇有加重時，得加至四個月。

　　五　罰金：一元以上。

第三十四條　（從刑之種類）

　　從刑之種類如左：

　　一　褫奪公權。

　　二　沒收。

第三十五條　（主刑之重輕標準）

　　主刑之重輕，依第三十三條規定之次序定之。

　　同種之刑，以最高度之較長或較多者爲重。最高度相等者，以最低度之較長或較多者爲重。

　　除前二項規定外，刑之重輕參酌前二項標準定之。不能依前二項標準定之者，依犯罪情節定之。

第三十六條　（褫奪公權之內容）

　　褫奪公權者，褫奪左列資格：

　　一　爲公務員之資格。

　　二　公職候選人之資格。

　　三　行使選舉、罷免、創制、複決四權之資格。

第三十七條　（褫奪公權之宣告）

　　宣告死刑或無期徒刑者，宣告褫奪公權終身。

　　宣告六月以上有期徒刑，依犯罪之性質認爲有褫奪公權之必要者，宣告褫奪公權一年以上十年以下。

　　褫奪公權，於裁判時併宣告之。

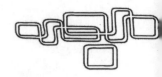

依第一項宣告褫奪公權者，自裁判確定時發生效力。

依第二項宣告褫奪公權者，自主刑執行完畢或赦免之日起算。

第三十八條　（沒收物）

左列之物沒收之：

一　違禁物。

二　供犯罪所用或供犯罪預備之物。

三　因犯罪所得之物。

前項第一款之物，不問屬於犯人與否，沒收之。

第一項第二款、第三款之物，以屬於犯人者為限，得沒收之。但有特別規定者，依其規定。

第三十九條　（專科沒收）

免除其刑者，仍得專科沒收。

第四十條　（沒收之宣告）

沒收，於裁判時併宣告之。但違禁物得單獨宣告沒收。

第四十一條　（易科罰金）

犯最重本刑為五年以下有期徒刑以下之刑之罪，而受六個月以下有期徒刑或拘役之宣告，因身體、教育、職業、家庭之關係或其他正當事由，執行顯有困難者，得以一元以上三元以下折算一日，易科罰金。但確因不執行所宣告之刑，難收矯正之效，或難以維持法秩序者，不在此限。

併合處罰之數罪，均有前項情形，其應執行之刑逾六月者，亦同。

第四十二條　（易服勞役）

罰金應於裁判確定後兩個月內完納。期滿而不完納者，強制執行。其無力完納者，易服勞役。

易服勞役以一元以上三元以下，折算一日。但勞役期限不得逾六個月。

罰金總額折算逾六個月之日數者，以罰金總額與六個月之日數比例折算。

科罰金之裁判，應依前二項之規定，載明折算一日之額數。

易服勞役不滿一日之零數，不算。

易服勞役期內納罰金者，以所納之數，依裁判所定之標準折算，扣除勞役之日期。

第四十三條　（易以訓誡）

受拘役或罰金之宣告，而犯罪動機在公益或道義上顯可宥恕

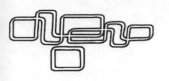

者，得易以訓誡。

第四十四條　（易刑之效力）

易科罰金、易服勞役或易以訓誡執行完畢者，其所受宣告之刑，以已執行論。

第四十五條　（刑期之計算）

刑期自裁判確定之日起算。

裁判雖經確定，其尚未受拘禁之日數，不算入刑期內。

第四十六條　（羈押日數之折抵）

裁判確定前羈押之日數，以一日抵有期徒刑或拘役一日，或第四十二條第四項裁判所定之罰金額數。

第六章　累犯

第四十七條　（累犯）

受有期徒刑之執行完畢，或受無期徒刑或有期徒刑一部之執行而赦免後，五年以內再犯有期徒刑以上之罪者，為累犯，加重本刑至二分之一。

第四十八條　（裁判確定後發覺累犯之處置）

裁判確定後，發覺為累犯者，依前條之規定更定其刑。但刑之執行完畢或赦免後發覺者，不在此限。

第四十九條　（累犯適用之除外）

累犯之規定，於前所犯罪依軍法或於外國法院受裁判者，不適用之。

第七章　數罪併罰

第五十條　（數罪併罰之要件）

裁判確定前犯數罪者，併合處罰之。

第五十一條　（數罪併罰之方法）

數罪併罰，分別宣告其罪之刑，依左列各款定其應執行者：

一　宣告多數死刑者，執行其一。

二　宣告之最重刑為死刑者，不執行他刑。但從刑不在此限。

三　宣告多數無期徒刑者，執行其一。

四　宣告之最重刑為無期徒刑者，不執行他刑。但罰金及從刑不在此限。

五　宣告多數有期徒刑者，於各刑中之最長期以上，各刑合併之刑期以下，定其刑期。但不得逾二十年。

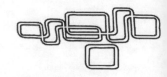

六　宣告多數拘役者，比照前款定其刑期。但不得逾四個月。

七　宣告多數罰金者，於各刑中之最多額以上，各刑合併之金額以下，定其金額。

八　宣告多數褫奪公權者，僅就其中最長期間執行之。

九　宣告多數沒收者，併執行之。

十　依第五款至第九款所定之刑，併執行之。

第五十二條　　（裁判確定後餘罪之處理）

數罪併罰，於裁判確定後，發覺未經裁判之餘罪者，就餘罪處斷。

第五十三條　　（執行刑）

數罪併罰，有二裁判以上者，依第五十一條之規定，定其應執行之刑。

第五十四條　　（各罪中有受赦免時餘罪之執行）

數罪併罰，已經處斷，如各罪中有受赦免者，餘罪仍依第五十一條之規定，定其應執行之刑，僅餘一罪者，依其宣告之刑執行。

第五十五條　　（想像競合及牽連犯）

一行為而觸犯數罪名，或犯一罪而其方法或結果之行為犯他罪名者，從一重處斷。

第五十六條　　（連續犯）

連續數行為而犯同一之罪名者，以一罪論。但得加重其刑至二分之一。

第八章　刑之酌科及加減

第五十七條　　（事由）

科刑時應審酌一切情狀，尤應注意左列事項，為科刑輕重之標準：

一　犯罪之動機。

二　犯罪之目的。

三　犯罪時所受之刺激。

四　犯罪之手段。

五　犯人之生活狀況。

六　犯人之品行。

七　犯人之智識程度。

八　犯人與被害人平日之關係。

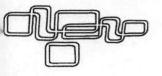

九　犯罪所生之危險或損害。

十　犯罪後之態度。

第五十八條　（罰金之酌量）

科罰金時，除依前條規定外，並應審酌犯人之資力及犯罪所得之利益。如所得之利益超過罰金最多額時，得於所得利益之範圍內酌量加重。

第五十九條　（酌量減輕(一)）

犯罪之情狀可憫恕者，得酌量減輕其刑。

第六十條　（酌量減輕(二)）

依法律加重或減輕者，仍得依前條之規定酌量減輕其刑。

第六十一條　（裁判免除）

犯左列各罪之一，情節輕微，顯可憫恕，認為依第五十九條規定減輕其刑仍嫌過重者，得免除其刑：

一　犯最重本刑為三年以下有期徒刑、拘役或專科罰金之罪。但第一百三十二條第一項、第一百四十三條、第一百四十五條、第一百八十六條、第二百七十二條第三項及第二百七十六條第一項之罪，不在此限。

二　犯第三百二十條之竊盜罪。

三　犯第三百三十五條之侵占罪。

四　犯第三百三十九條之詐欺罪。

五　犯第三百四十九條第二項之贓物罪。

第六十二條　（自首減輕）

對於未發覺之罪自首而受裁判者，減輕其刑。但有特別規定者，依其規定。

第六十三條　（老幼處刑之限制）

未滿十八歲人或滿八十歲人犯罪者，不得處死刑或無期徒刑，本刑為死刑或無期徒刑者，減輕其刑。

未滿十八歲人犯第二百七十二條第一項之罪者，不適用前項之規定。

第六十四條　（死刑加重之限制與減輕方法）

死刑不得加重。

死刑減輕者，為無期徒刑，或為十五年以下十二年以上有期徒刑。

第六十五條　（無期徒刑加重之限制與減輕方法）

無期徒刑不得加重。

無期徒刑減輕者，為七年以上有期徒刑。

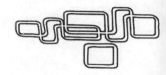

第六十六條　（有期徒刑、拘役、罰金之減輕方法）
　　　　　　有期徒刑、拘役、罰金減輕者，減輕其刑至二分之一。但同
　　　　　　時有免除其刑之規定者，其減輕得減至三分之二。
第六十七條　（有期徒刑之加減例）
　　　　　　有期徒刑加減者，其最高度及最低度同加減之。
第六十八條　（拘役、罰金之加減例）
　　　　　　拘役或罰金加減者，僅加減其最高度。
第六十九條　（二種主刑以上併加減例）
　　　　　　有二種以上之主刑者，加減時併加減之。
第七十條　　（遞加遞減例）
　　　　　　有二種以上刑之加重或減輕者，遞加或遞減之。
第七十一條　（主刑加減之順序）
　　　　　　刑有加重及減輕者，先加後減。
　　　　　　有二種以上之減輕者，先依較少之數減輕之。
第七十二條　（零數不算）
　　　　　　因刑之加重、減輕，而有不滿一日之時間或不滿一元之額數
　　　　　　者，不算。
第七十三條　（酌量減輕之準用）
　　　　　　酌量減輕其刑者，準用減輕其刑之規定。

第九章　緩刑

第七十四條　（緩刑要件）
　　　　　　受二年以下有期徒刑、拘役或罰金之宣告，而有左列情形之
　　　　　　一，認為以暫不執行為適當者，得宣告二年以上五年以下之
　　　　　　緩刑，其期間自裁判確定之日起算：
　　　　　一　未曾受有期徒刑以上刑之宣告者。
　　　　　二　前受有期徒刑以上刑之宣告，執行完畢或赦免後，五年
　　　　　　　以內未曾受有期徒刑以上刑之宣告者。
第七十五條　（緩刑宣告之撤銷）
　　　　　　受緩刑之宣告，而有左列情形之一者，撤銷其宣告：
　　　　　一　緩刑期內更犯罪，受有期徒刑以上刑之宣告者。
　　　　　二　緩刑前犯他罪，而在緩刑期內受有期徒刑以上刑之宣告
　　　　　　　者。
　　　　　　因過失犯罪者，不適用前項之規定。
第七十六條　（緩刑之效力）
　　　　　　緩刑期滿，而緩刑之宣告未經撤銷者，其刑之宣告失其效

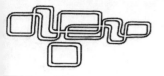

力。

第十章　假釋

第七十七條　（假釋要件）

受徒刑之執行而有悛悔實據者，無期徒刑逾十五年，累犯逾二十年，有期徒刑逾二分之一，累犯逾三分之二後，由監獄報請法務部，得許假釋出獄。但有期徒刑之執行未滿六個月者，不在此限。

無期徒刑裁判確定前逾一年部分之羈押日數算入前項已執行之期間內。

第七十八條　（假釋之撤銷）

假釋中因故意更犯罪，受有期徒刑以上刑之宣告者，撤銷其假釋。

前項犯罪，其起訴及判決確定均在假釋期滿前者，於假釋期滿後六月以內，仍撤銷其假釋；其判決確定在假釋期滿後者，於確定後六月以內，撤銷之。

假釋撤銷後，其出獄日數不算入刑期內。

第七十九條　（假釋之效力）

在無期徒刑假釋後滿十五年，或在有期徒刑所餘刑期內未經撤銷假釋者，其未執行之刑，以已執行論。但依第七十八條第二項撤銷其假釋者，不在此限。

假釋中另受刑之執行或羈押或其他依法拘束自由之期間，不算入假釋期內。

第七十九條之一　（併執行之假釋）

二以上徒刑併執行者，第七十七條所定最低應執行之期間，合併計算之。

前項情形，併執行無期徒刑者，適用無期徒刑假釋之規定；二以上有期徒刑合併刑期逾三十年，而接續執行逾十五年者，亦得許假釋。

依第一項規定合併計算執行期間而假釋者，前條第一項規定之期間，亦合併計算之。

前項合併計算後之期間逾十五年者，準用前條第一項無期徒刑假釋之規定。

經撤銷假釋執行殘餘刑期者，無期徒刑於執行滿二十年，有期徒刑於全部執行完畢後，再接續執行他刑，第一項有關合併計算執行期間之規定不適用之。

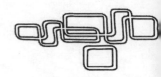

第十一章　時效

第八十條　（追訴權之時效期間）

追訴權，因左列期間內不行使而消滅：

一　死刑、無期徒刑或十年以上有期徒刑者，二十年。

二　三年以上十年未滿有期徒刑者，十年。

三　一年以上三年未滿有期徒刑者，五年。

四　一年未滿有期徒刑者，三年。

五　拘役或罰金者，一年。

前項期間自犯罪成立之日起算。但犯罪行為有連續或繼續之狀態者，自行為終了之日起算。

第八十一條　（追訴權時效期間之計算）

追訴權之時效、期間，依本刑之最高度計算。有二種以上之主刑者，依最重主刑或最重主刑之最高度計算。

第八十二條　（本刑應加減追訴權時效期間之計算）

本刑應加重或減輕者，追訴權之時效期間，仍依本刑計算。

第八十三條　（追訴權時效期間之停止）

追訴權之時效，如依法律之規定，偵查、起訴或審判之程序，不能開始或繼續時，停止其進行。

前項時效停止，自停止原因消滅之日起，與停止前已經過之期間，一併計算。

停止原因繼續存在之期間，如達於第八十條第一項各款所定期間四分之一者，其停止原因視為消滅。

第八十四條　（行刑權之時效期間）

行刑權因左列期間內不行使而消滅：

一　死刑、無期徒刑或十年以上有期徒刑者，三十年。

二　三年以上十年未滿有期徒刑者，十五年。

三　一年以上三年未滿有期徒刑者，七年。

四　一年未滿有期徒刑者，五年。

五　拘役、罰金或專科沒收者，三年。

前項期間，自裁判確定之日起算。

第八十五條　（行刑權時效之停止）

行刑權之時效，如依法律之規定不能開始或繼續執行時，停止其進行。

前項時效停止，自停止原因消滅之日起，與停止前已經過之期間，一併計算。

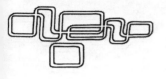

停止原因繼續存在之期間，如達於第八十四條第一項各款所
定期間四分之一者，其停止原因視爲消滅。

第十二章　保安處分

第八十六條　（感化教育處分）

因未滿十四歲而不罰者，得令入感化教育處所，施以感化教
育。

因未滿十八歲而減輕其刑者，得於刑之執行完畢或赦免後，
令入感化教育處所，施以感化教育。但宣告三年以下有期徒
刑、拘役或罰金者，得於執行前爲之。

感化教育期間爲三年以下。

第二項但書情形，依感化教育之執行，認爲無執行刑之必要
者，得免其刑之執行。

第八十七條　（監護處分）

因心神喪失而不罰者，得令入相當處所，施以監護。

因精神耗弱或瘖啞而減輕其刑者，得於刑之執行完畢或赦免
後，令入相當處所，施以監護。

前二項處分期間爲三年以下。

第八十八條　（禁戒處分(一)）

犯吸食鴉片或施打嗎啡或使用高根、海洛因或其化合質料之
罪者，得令入相當處所，施以禁戒。

前項處分於刑之執行前爲之，其期間爲六個月以下。

依禁戒處分之執行，法院認爲無執行刑之必要者，得免其刑
之執行。

第八十九條　（禁戒處分(二)）

因酗酒而犯罪者，得於刑之執行完畢或赦免後，令入相當處
所，施以禁戒。

前項處分期間爲三個月以下。

第九十條　（強制工作處分）

有犯罪之習慣或以犯罪爲常業或因遊蕩或懶惰成習而犯罪
者，得於刑之執行完畢或赦免後，令入勞動處所，強制工
作。

前項處分期間爲三年以下。

第九十一條　（強制治療處分(一)）

犯第二百八十五條之罪者，得令入相當處所，強制治療。

前項處分於刑之執行前爲之，其期間至治癒時爲止。

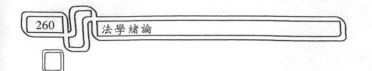
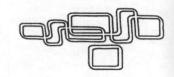

第九十一條之一　（強制治療處分(二)）

　　犯第二百二十一條至第二百二十七條、第二百二十八條、第二百二十九條、第二百三十條、第二百三十四條之罪者，於裁判前應經鑑定有無施以治療之必要，有施以治療之必要者，得令入相當處所，施以治療。

　　前項處分於刑之執行前為之，其期間至治癒時為止。但最長不得逾三年。

　　前項治療處分之日數，以一日抵有期徒刑或拘役一日或第四十二條第四項裁判所定之罰金額數。

第九十二條　（代替保安處分之保護管束）

　　第八十六條至第九十條之處分，按其情形得以保護管束代之。

　　前項保護管束期間為三年以下。其不能收效者，得隨時撤銷之，仍執行原處分。

第九十三條　（緩刑與假釋之保護管束）

　　受緩刑之宣告者，在緩刑期內得付保護管束。

　　假釋出獄者，在假釋中付保護管束。

　　前二項情形，違反保護管束規則情節重大者，得撤銷緩刑之宣告或假釋。

第九十四條　（保護管束之執行者）

　　保護管束，教由警察官署、自治團體、慈善團體、本人之最近親屬或其他適當之人行之。

第九十五條　（驅逐出境處分）

　　外國人受有期徒刑以上刑之宣告者，得於刑之執行完畢或赦免後，驅逐出境。

第九十六條　（保安處分之宣告）

　　保安處分於裁判時併宣告之。但因假釋或於刑之赦免後，付保安處分者，不在此限。

第九十七條　（保安處分之免除與延長）

　　依第八十六條至九十條及第九十二條規定宣告之保安處分，期間未終了前，認為無繼續執行之必要者，法院得免其處分之執行。如認為有延長之必要者，法院得就法定期間之範圍內，酌量延長之。

第九十八條　（保安處分執行之免除）

　　依第八十六條、第八十七條、第八十九條及第九十條規定宣告之保安處分，於刑之執行完畢或赦免後，認為無執行之必

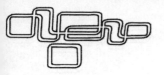

要者，法院得免其處分之執行。

第九十九條　（保安處分之執行時效）

第八十六條至第九十一條之保安處分，自應執行之日起經過
三年未執行者，非得法院許可不得執行之。

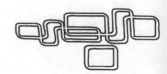

中央法規標準法

第一章 總則

第一條 （本法之適用）

中央法規之制定、施行、適用、修正及廢止，除憲法規定外，依本法之規定。

第二條 （法律之名稱）

法律得定名爲法、律、條例或通則。

第三條 （命令之名稱）

各機關發布之命令，得依其性質，稱規程、規則、細則、辦法、綱要、標準或準則。

第二章 法規之制定

第四條 （法律之制定）

法律應經立法院通過，總統公布。

第五條 （應以法律規定之事項）

左列事項應以法律定之：

一 憲法或法律有明文規定，應以法律定之者。

二 關於人民之權利、義務者。

三 關於國家各機關之組織者。

四 其他重要事項之應以法律定之者。

第六條 （禁止以命令規定之事項）

應以法律規定之事項，不得以命令定之。

第七條 （命令之發布）

各機關依其法定職權或基於法律授權訂定之命令，應視其性質分別下達或發布，並即送立法院。

第八條 （條文之書寫方式）

法規條文應分條直行書寫，冠以「第某條」字樣，並得分爲項、款、目。項不冠數字，低二字書寫，款冠以一、二、三等數字，目冠以(一)、(二)、(三)等數字，並應加具標點符號。

第九條 （法規章節之劃分）

法規內容繁複或條文較多者，得劃分爲第某編、第某章、第某節、第某款、第某目。

第十條 （修正之方式）

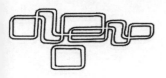

修正法規廢止少數條文時，得保留所廢條文之條次，並於其下加括弧，註明「刪除」二字。

修正法規增加少數條文時，得將增加之條文，列在適當修文之後，冠以前條「之一」、「之二」等條次。

廢止或增加編、章、節、款、目時，準用前二項之規定。

第十一條　（法之位階）

法律不得牴觸憲法，命令不得牴觸憲法或法律，下級機關訂定之命令不得牴觸上級機關之命令。

第三章　法規之施行

第十二條　（施行日期之規定）

法規應規定施行日期，或授權以命令規定施行日期。

第十三條　（生效日期(一)）

法規明定自公布或發布日施行者，自公布或發布之日起算至第三日起發生效力。

第十四條　（生效日期(二)）

法規特定有施行日期，或以命令特定施行日期者，自該特定日起發生效力。

第十五條　（施行區域）

法規定有施行區域或授權以命令規定施行區域者，於該特定區域內發生效力。

第四章　法規之適用

第十六條　（特別法優於普通法）

法規對其他法規所規定之同一事項而為特別之規定者，應優先適用之。其他法規修正後，仍應優先適用。

第十七條　（法規修正後之適用或準用）

法規對某一事項規定適用或準用其他法規之規定者，其他法規修正後，適用或準用修正後之法規。

第十八條　（從新從優原則）

各機關受理人民聲請許可案件適用法規時，除依其性質應適用行為時之法規外，如在處理程序終結前，據以准許之法規有變更者，適用新法規。但舊法規有利於當事人而新法規未廢除或禁止所聲請之事項者，適用舊法規。

第十九條　（法規適用之停止或恢復）

法規因國家遭遇非常事故，一時不能適用者，得暫停適用其一

 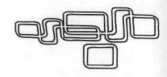

部或全部。

法規停止或恢復適用之程序，準用本法有關法規廢止或制定之規定。

第五章　法規之修正與廢止

第二十條　（修正之情形及程序）

法規有左列情形之一者，修正之：

一　基於政策或事實之需要，有增減內容之必要者。

二　因有關法規之修正或廢止而應配合修正者。

三　規定之主管機關或執行機關已裁併或變更者。

四　同一事項規定於二以上之法規，無分別存在之必要者。

法規修正之程序，準用本法有關法規制定之規定。

第二十一條　（廢止之情形）

法規有左列惰形之一者，廢止之：

一　機關裁併，有關法規無保留之必要者。

二　法規規定之事項已執行完畢，或因情勢變遷，無繼續施行之必要者。

三　法規因有關法規之廢止或修正致失其依據，而無單獨施行之必要者。

四　同一事項已定有新法規，並公布或發布施行者。

第二十二條　（廢止程序及失效日期）

法律之廢止，應經立法院通過，總統公布。

命令之廢止，由原發布機關為之。

依前二項程序廢止之法規，得僅公布或發布其名稱及施行日期；並自公布或發布之日起，至第三日起失效。

第二十三條　（當然廢止）

法規定有施行期限者，期滿當然廢止，不適用前條之規定。但應由主管機關公告之。

第二十四條　（延長施行之程序）

法律定有施行期限，主管機關認為需要延長者，應於期限屆滿一個月前送立法院審議。但其期限在立法院休會期內屆滿者，應於立法院休會一個月前送立法院。

命令定有施行期限，主管機關認為需要延長者，應於期限屆滿一個月前，由原發布機關發布之。

第二十五條　（機關裁併後命令之廢止或延長）

命令之原發布機關或主管機關已裁併者，其廢止或延長，由

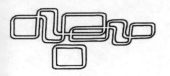

承受其業務之機關或其上級機關為之。

第六章　附則

第二十六條　（施行日）

　　　　　本法自公布日施行。

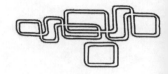

─自我評量─

一、申論題

(一)一般法學問題

1.法律所共同追求的目的爲何？

2.試說明一國法律的位階及效力。

3.大陸法系與英美法系有何不同？

4.法律與道德有哪些關係？

5.法律的名稱與應規定事項爲何？

6.如何區分法規命令、緊急命令與一般行政規則？

7.簡介法律的直接淵源。

8.習慣成爲法源（習慣法）應具什麼條件？

9.我國判例如何產生，其效力爲何？

10.試述公法與私法的區別。

11.試述普通法與特別法的區別。

12.試述原則法與例外法的區別。

13.試述強行法與任意法的區別。

14.法律應如何公布與施行？

15.法律修正原因和修正後的效力爲何？

16.何謂法律不溯及既往？後法優於前法？

17.哪些人可排除我國法律的適用（屬地主義例外）？

18.何謂一事不再理、一事（罪）不兩罰？

19.何謂推定？何謂視爲？

20.司法機關有哪些適用法律原則？

21.行政機關有哪些適用法律原則？

22.適用與準用有何差異？

23.立法機關的法律解釋採用什麼方法（方式）？

24.哪些情況下得聲請大法官解釋憲法？

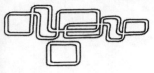

25.文理解釋和論理解釋有何關係？

26.檢察官主要職權為何？

27.行政法上的制裁有哪幾種？

28.何謂依法行政？

29.公務員應遵守哪些義務？

30.試述法院管轄的原則。

31.何謂「再審」、「非常上訴」？

32.哪些情形得適用簡易訴訟？

(二)民刑法部分

1.刑法規定的刑罰種類為何？

2.保安處分的意義和種類為何？

3.何謂罪刑法定主義？

4.犯罪的成立有何要件？

5.共犯有哪幾種型態？

6.何謂緩刑？何謂假釋？

7.何謂告訴乃論？

8.民法財產的制裁方式為何？

9.何謂正當防衛、緊急避難？

10.說明：意思表示的不一致。

11.何謂權利能力？何謂行為能力？

12.社團與財團有何區別？

13.不動產與動產有何差異？

14.依民法規定，行使權利有哪些禁止原則？

15.何謂消滅時效、取得時效？

16.所有權有何積極、消極的效能？

17.結婚無效有哪些情形？

18.繼承的順位與應繼分為何？

19.債權與物權有哪些特性差異？

20.未遂犯有哪三種基本類型？

(三)其他法規部分

1.股份有限公司的基本組織型態為何？

2.說明我國票據法的三種票據類型。

3.票據喪失應採如何的補救途徑？

4.人身保險與產物保險有何制度差異（保險目的、重複保險、保險利益…

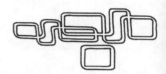

…）？

5.依少年事件處理法，少年保護案件有哪二種處分類別？

6.說明著作權法所規範的「著作人格權」。

7.「產品瑕疵」在消費者保護法中有何界定涵義？

8.說明何謂：「行政處分」。

二、選擇題

（　B　）1.民法是規定私人相互間權利和義務關係的法律，由民法所發生的責任，一般稱爲：　(A)賠償責任　(B)民事責任　(C)懲戒責任　(D)公法責任。

（　D　）2.一個人的行爲觸犯刑法的規定時所發生的責任，一般稱爲：(A)私法責任　(B)賠償責任　(C)懲戒責任　(D)刑事責任。

（　A　）3.下列何者「非」票據法所稱票據？　(A)股票　(B)本票　(C)匯票　(D)支票。

（　C　）4.違警罰法於司法院大法官會議解釋宣告違憲後，立法院訂定了哪一個法律來維護公共秩序，並確保社會安寧？　(A)妨害安寧法　(B)集會遊行法　(C)社會秩序維護法　(D)檢肅流氓條例。

（　C　）5.依憲法增修條文規定，副總統由誰選舉？　(A)總統　(B)國民大會代表　(C)中華民國自由地區全體公民　(D)立法委員。

（　C　）6.依照我國民法規定，一個人要滿幾歲才成年？　(A)十八歲　(B)十九歲　(C)二十歲　(D)二十一歲。

（　C　）7.依國家賠償法規定，下列事項中何者國家可不負損害賠償責任？　(A)公務員執行職務行使公權力，因故意或過失不法侵害人民之權利　(B)公務員因故意或過失怠於執行職務而損害人民之權利　(C)公務員執行職務行使公權力而侵害人民之權利　(D)公有公共設施因設置或管理有欠缺，致人民之財產遭受損害。

（　D　）8.人民認爲行政機關的行政處分違法或不當，損害其權利或利益者，可以：　(A)直接向行政法院起訴，請求撤銷原行政處分　(B)直接向地方法院提起自訴，請求撤銷原行政處分　(C)直接向地方法院告訴，請求撤銷原行政處分　(D)向機關提起訴願，請求撤銷原行政處分。

（　B　）9.國家依據國家賠償法規定對被害人爲損害賠償後：　(A)不得向公務員行使求償權　(B)於公務員有故意或重大過失時，始

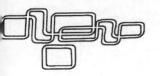
得對之行使求償權　(C)於公務員有故意時，始得對之行使求償權　(D)對公務員當然有求償權。

(A) 10.行政院院長依法應由：(A)總統逕行任免　(B)總統提名，國民大會同意　(C)總統提名，監察院同意　(D) 總統提名，司法院同意。

(C) 11.檢察官代表國家就被告之犯罪行為，向法院起訴，請求判罪科刑之訴訟程序，謂之：　(A)告訴　(B)告發　(C)公訴　(D)自訴。

(B) 12.甲欠乙十萬元，經過三十年後，乙始向甲催討，結果是：(A)甲不可以拒絕償還　(B)甲可以自由決定是否償還　(C)如當時書立有借據，甲必須償還　(D)經乙向法院起訴後，甲必須償還。

(A) 13.犯罪之直接被害人逕向法院起訴，請求確定被告有無犯罪及應科何種刑罰之訴訟程序，謂之：　(A)自訴　(B)告訴　(C)告發　(D)公訴。

(D) 14.依公司法規定而設立之股份有限公司，是屬於：　(A)財團法人　(B)非法人團體　(C)營利財團法人　(D)營利社團法人。

(A) 15.依照少年事件處理法之規定，少年是指何種年齡之人？　(A)十二歲以上、未滿十八歲　(B)十四歲以上、未滿十八歲　(C)十二歲以上、未滿二十歲　(D)十四歲以上、未滿二十歲。

(A) 16.法律所稱「善意」、「惡意」，一般是指何者而言？　(A)知情與不知情　(B)心地善良與惡毒　(C)道德上善良與否　(D)雙方當事人之友誼是否良好。

(D) 17.一個十四歲的國中生未得到其父母親的同意，自己到照相器材行簽訂契約，購買價格昂貴的照相機，該買賣契約　(A)有效　(B)無效　(C)如未於一個星期內為其父母親所拒絕，即生效力　(D)須經其父母親之承認，始生效力。

(A) 18.對於政務官之懲戒處分，以何種為限？　(A)撤職及申誡　(B)撤職及記過　(C)記過及申誡　(D)減俸及降級。

(D) 19.行為時之法律不為罪，而行為後法律才以為罪者：　(A)應視該行為之性質決定是否科處刑罰　(B)由法官根據行為人之態度決定是否科處刑罰　(C)可以依行為後之法律科處刑罰　(D)不得依行為後之法律科處刑罰。

(A) 20.甲與其外祖父係：　(A)直系二親等血親　(B)旁系二親等血親　(C)直系二親等姻親　(D)旁系二親等姻親。

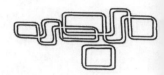

（ D ）21.法規明定自公布或發布日施行者： (A)自公布或發布之日起
發生效力 (B)自公布或發布之翌日起發生效力 (C)自公布
或發布之日起算至第四日起發生效力 (D)自公布或發布之日
起算至第三日起發生效力。

（ A ）22.下列何者「非」檢察官之職權？ (A)提起自訴 (B)擔當自
訴 (C)提起公訴 (D)實行公訴。

（ D ）23.我國各級檢察機關係： (A)隸屬於司法院，並配置於最高法
院 (B)隸屬於司法院，並配置於各級法院及分院 (C)隸屬
於行政院法務部，並配置於最高法院 (D)隸屬於行政院法務
部，並配置於各級法院及分院。

（ A ）24.民法所規定之損害賠償責任係： (A)以恢復原狀為原則，金
錢賠償為例外 (B)以金錢賠償為原則，恢復原狀為例外
(C)僅金錢賠償 (D)僅須恢復原狀。

（ B ）25.我國最高位階的法律是： (A)民法 (B)憲法 (C)刑法 (D)
行政法。

（ B ）26.依我國民法規定，民事，法律所未規定者： (A)依法理
(B)依習慣，無習慣者依法理 (C)法院不得為判決 (D)應請
求大法官會議解釋。

（ D ）27.法律行為違背公序良俗時，則： (A)無所謂 (B)向法院起
訴，由法院決定其效力 (C)可撤銷 (D)無效。

（ D ）28.下列何者為無體財產權？ (A)房屋之所有權 (B)動產所有
權 (C)土地之所有權 (D)著作權。

（ D ）29.下列何種「非」屬保安處分？ (A)感化教育 (B)強制治療
(C)監護處分 (D)褫奪公權。

（ B ）30.當私人與私人間發生損害賠償權利義務關係時： (A)國家公
權力機關主動介入 (B)僅當人民依法請求國家裁判時始介入
(C)國家機關根本不加以干涉 (D)由警察介入處理。

（ A ）31.犯罪在實施中或實施後，立即被發現者，則可： (A)任何人
均得逕行拘捕之 (B)僅警察得拘捕之 (C)僅犯罪之被害人
得拘捕之 (D)僅法官得下令拘捕之。

（ B ）32.間接法源乃指： (A)憲法 (B)習慣 (C)要點 (D)規程。

（ A ）33.刑法第二十四條所規定，因避免自己或他人生命、身體、自
由、財產之緊急危難而出於不得已之行為 (A)若未過當則不
罰 (B)要加以處罰 (C)不管是否過當均不處罰 (D)由法官
自由決定是否處罰。

（ B ）34.我國刑法對於未發覺之犯罪，犯罪人自首者： (A)仍依刑法

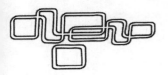

規定判刑　(B)原則上減輕其刑　(C)是否減刑，依法官自由裁
量決定之　(D)可免其刑。

(D) 35.依公職人員選舉罷免法之規定，選舉罷免訴訟應由何機關管
轄？　(A)中央選舉委員會管轄　(B)各省、市選舉委員會管
轄　(C)監察院　(D)法院。

(B) 36.檢察官係屬：　(A)司法審判體系　(B)行政體系，職務執行
時受上級首長之行政指揮監督　(C)雖屬行政體系，但在職務
執行時不受上級首長之行政指揮監督　(D)屬於司法審判系
統，在職務執行時受上級首長之行政指揮監督。

(B) 37.下列何者，「非」刑法上之制裁？　(A)罰金　(B)罰鍰　(C)
拘役　(D)沒收。

(C) 38.依據法律規定判例有拘束力，其可否變更？　(A)不能變更
(B)司法院院長可變更之　(C)最高法院召開變更判例會議決定
可變更之　(D)最高法院院長可逕予變更之。

(B) 39.父母濫用其對於子女權利時，其最近尊親屬或親屬會議得糾
正之，糾正無效時，得請求法院宣告，停止其權利之全部或
一部，係屬何種制裁？　(A)刑法上之制裁　(B)民法上之制
裁　(C)行政法上之制裁　(D)褫奪公權之一種。

(A) 40.有行為能力之犯罪被害人，對於直系尊親屬或配偶，可否提
起自訴？　(A)不得提起自訴　(B)可提起自訴　(C)視其所犯
法條而定　(D)由檢察官認定之。

(D) 41.依民法規定，男未滿幾歲，不得結婚？　(A)十五歲　(B)十
六歲　(C)十七歲　(D)十八歲。

(B) 42.有審議預算案職權的機關，係指：　(A)行政院　(B)立法院
(C)行政院主計處　(D)審計部。

(A) 43.所謂物權之優先效力，係指：　(A)先成立之物權優先於後成
立之物權，物權當然優先於債權　(B)後成立之物權優先於先
成立之物權，物權當然優先於債權　(C) 物權優先於債權，物
權相互間不發生優先效力問題　(D)後成立之物權優先於先成
立之物權，物權與債權相互間不發生優先效力問題。

(D) 44.刑事判決確定後，發見該案件之審判係違背法令者，應如何
救濟？　(A)由最高法院之檢察官向最高法院提起再審　(B)
由被告向最高法院提起再審　(C)由被告向最高法院提起非常
上訴　(D)由最高法院之檢察總長向最高法院提起非常上訴。

(B) 45.甲將其房屋出租於乙，並將房屋交付於乙占有居住後，將該
房屋所有權讓與丙，甲乙間經公證之租賃契約的效力如何？

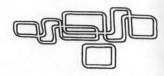

(A)消滅　(B)對丙繼續存在　(C)於獲得丙之允諾後，對丙繼續存在　(D)承租人乙不反對而消滅。

(A) 46.法官對未經合法起訴之案件：　(A)縱明知有違法情形，亦不能自動審理　(B)於明知有違法情形時，可以自動審理　(C)於指示警察機關查證後，可以自動審理　(D)於指示檢察官查證後，可以自動審理。

(C) 47.下列哪一機關有統一解釋法律及命令之權？　(A)立法院　(B)最高法院　(C)司法院大法官　(D)行政法院。

(C) 48.法律對於人工受精、借腹生子的科技成就，加以嚴格規範的主要原因，是：　(A)限制學術研究自由　(B)壓低其產品售價　(C)處理其因而產生的倫理及社會問題　(D)影顯國家權威。

(D) 49.當事人約定，一方於一定或不定之期限內，為他方服勞務，他方給付報酬之契約，稱為：　(A)委任　(B)承攬　(C)寄託　(D)僱傭。

(C) 50.下列法律（令）間，何者具有「母法與子法」之關係？　(A)民法總則與民法物權　(B)刑法與刑事訴訟法　(C)大學法與大學法施行細則　(D)刑法與貪污治罪條例。

(B) 51.下列哪一學說認為宇宙間有超越時空之萬古不變的法則存在，法律乃本於人類共通的理性而生？　(A)神意法說　(B)自然法說　(C)歷史法說　(D)實證法說。

(C) 52.遺產繼承人，除配偶外，其決定之順序為下列何者？(1)祖父母(2)父母(3)兄弟姊妹(4)直系血親卑親屬　(A)1234　(B)2143　(C)4231　(D)4321。

(D) 53.甲稱讚乙收藏之古玩好看，乙乃戲稱好看就送給你，但事實上內心並無相贈之意。此種說出來有效而內心真意無效情形稱為：　(A)錯誤　(B)誤傳　(C)通謀虛偽表示　(D)心中保留。

(D) 54.某一案件，在普通法與特別法均有規定時，普通法與特別法之適用原則，應以下列何者為是？　(A)任擇其一適用　(B)普通法優於特別法適用　(C)普通法與特別法同時適用　(D)特別法優於普通法適用。

(D) 55.對於心神喪失或精神耗弱致不能處理自己事務者，法院得因本人、配偶、最近親屬二人或檢察官之聲請，為：　(A)死亡宣告　(B)破產宣告　(C)除權判決　(D)禁治產宣告。

(C) 56.勞動基準法主要是規範勞工與雇主間之法律關係，在性質

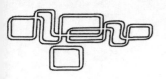

上，可以說是民法何種契約的特別法規？　(A)承攬契約　(B)委任契約　(C)僱傭契約　(D)非典型契約。

（　B　）57.能以自己名義為有效法律行為之資格，稱為：　(A)權利能力　(B)行為能力　(C)責任能力　(D)意思能力。

（　C　）58.下列何者為不動產？　(A)船舶及房屋　(B)房屋及飛機　(C)土地及果林　(D)船舶及飛機。

（　A　）59.下列有關法律關係的敘述，何者正確？　(A)法律所規定人與人的生活關係　(B)依社會傳統所定，規範人與人的生活關係　(C)依禮儀所定，規範人與人的生活關係　(D)物與自然的關係。

（　D　）60.法律與道德，於下列何者有相同之處？　(A)產生方式　(B)制裁方式　(C)效力　(D)規範人類生活。

（　A　）61.法律憑藉著什麼以作為施行之保障？　(A)強制力　(B)良心　(C)道德觀念　(D)自動自發。

（　B　）62.於執票人向發票人行使追索權，請求給付票據金額時，哪一種票據的執票人可以於申請法院裁定後強制執行？　(A)匯票　(B)本票　(C)支票　(D)以上皆非。

（　A　）63.民法第六條規定：「人之權利能力，始於出生，終於死亡。」這條規定係何種性質的法律？　(A)原則法　(B)例外法　(C)程序法　(D)特別法。

（　D　）64.下列法律間，何者具有「普通法與特別法」之關係？　(A)公司法與票據法　(B)刑法與刑事訴訟法　(C)民法與民事訴訟法　(D)刑法與貪污治罪條例。

（　A　）65.法律上的所謂「視為」，可否以證據加以推翻？　(A)不得以證據推翻　(B)得以證據推翻　(C)視情況而定　(D)依當事人之協議而定。

（　D　）66.將抽象之法律規範應用於具體之社會事實，稱之為下列何者？　(A)法律之制裁　(B)法律之分類　(C)法律之效力　(D)法律之適用。

（　C　）67.民法第十二條規定，滿二十歲為成年。因此凡未滿二十歲者，即為未成年。此稱解釋，係屬下列何者？　(A)補正解釋　(B)當然解釋　(C)反面解釋　(D)限制解釋。

（　A　）68.依照法律文字用語及通常使用方式，據以確定其法律之意義。學說上稱此種技術為：　(A)文義解釋　(B)目的論解釋　(C)比較法解釋　(D)體系解釋。

（　D　）69.法官依據法律獨立審判，當法官發覺法律違憲時，則下列何

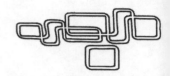

者是正確的作法？ (A)可宣告違憲，但尚不能逕行拒絕適用 (B)可逕行拒絕適用 (C)可宣告違憲並拒絕適用 (D)無權逕行拒絕適用，但可聲請釋憲。

(C) 70.人民對於國家政策、公共利益或其權利之維護，得向職權所屬之民意機關或主管行政機關表示其意願的行為，稱之為： (A)訴願 (B)再訴願 (C)請願 (D)行政訴訟。

(C) 71.下列何者屬於告訴乃論之罪？ (A)普通殺人罪 (B)普通竊盜罪 (C)普通傷害罪 (D)偽造文書罪。

(B) 72.物權，除民法或其他法律另有規定外，不得創設。此一法則，稱為： (A)物權創設主義 (B)物權法定主義 (C)物權公示主義 (D)物權公信主義。

(C) 73.中央或地方機關基於職權，就特定之具體事件所為發生公法上效果的單方行政行為，稱之為： (A)判決 (B)裁定 (C)行政處分 (D)行政裁判。

(A) 74.有關我國司法體制，下列敘述何者錯誤？ (A)各級法院與檢察署皆隸屬司法院 (B)檢察權之行使採檢察一體原則 (C)只有法官適用審判獨立原則 (D)法官與檢察官依法皆受司法行政之監督。

(C) 75.民事訴訟法性質上屬於何者？ (A)私法 (B)實體法 (C)公法 (D)行政法。

(C) 76.依中央法規標準法規定，適用法律應注意： (A)普通法優於特別法適用，從舊從重原則 (B)普通法優於特別法適用，從新從優原則 (C)特別法優於普通法適用，從新從優原則 (D)特別法優於普通法適用，從舊從重原則。

(B) 77.少年有觸犯刑罰法令之行為者，應交由何一機關處理？ (A)普通法院刑事庭 (B)少年法庭 (C)普通法院民事庭 (D)少年家長。

(A) 78.我國掌理民事、刑事訴訟之審判機關為： (A)普通法院 (B)法務部 (C)鄉鎮市公所調解委員會 (D)行政法院。

(B) 79.依我國法律規定，政黨解散之審理機關為： (A)法院 (B)司法院憲法法庭 (C)法務部 (D)行政法院。

(A) 80.強行法係指： (A)強制規定及禁止規定： (B)僅有強制規定 (C)僅有禁止規定 (D)補充規定及解釋規定。

(A) 81.代執行，例如違章建築物之拆除係屬於： (A)行政上的強制執行 (B)刑法上的強制執行 (C)民法上的強制執行 (D)憲法上的強制執行。

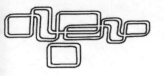

（　A　）82.刑法中有關內亂罪之規定，主要在保護：　(A)國家法益　(B)社會法益　(C)個人法益　(D)外國法益。

（　B　）83.以下何者為權利之客體？　(A)人、物　(B)物、行為　(C)動產、不動產　(D)人、行為。

（　D　）84.下列何者為中央法規標準法中之法律？　(A)規則　(B)細則　(C)辦法　(D)通則。

（　A　）85.修正法律之程序：　(A)與制定法律之程序相同　(B)經立法院委員會通過即可　(C)經立法院二讀程序即可　(D)依法律修正之內容與條文決定之。

（　B　）86.行政訴訟之提起：　(A)以有地方法院判決存在為前提　(B)以有行政機關之行政處分存在為前提　(C)以人民對政府機關有批評、不滿為前提　(D)以有檢察官之起訴為前提。

（　D　）87.法律與命令之區別：　(A)法律內容重要，命令內容簡單　(B)法律由行政院制定，命令由下級機關訂定　(C)法律由國民大會制定，命令由立法院訂定　(D)法律由立法院制定，命令由行政機關訂定。

（　C　）88.監獄中執行死刑的槍手，射殺死刑人犯之行為：　(A)係殺人，故應依殺人罪受處罰　(B)雖係殺人，但可減輕刑罰　(C)因係依法令所為之行為，故不構成殺人罪不受刑法制裁　(D)由法官判決是否要處罰。

（　A　）89.一般妨害性自主罪是屬於：　(A)公訴罪　(B)告訴乃論之罪　(C)民事糾紛，非刑法之規範對象　(D)請求乃論之罪。

（　B　）90.彈劾中央或地方公務人員失職或違法情事之機關為：　(A)各機關之政風部門　(B)監察院　(C)司法院公務員懲戒委員會　(D)行政院。

（　C　）91.民法規定，失蹤人失蹤滿若干年（普通期間）後，法院因利害關係人或檢察官之聲請為死亡宣告？　(A)三年　(B)五年　(C)七年　(D)十年。

（　B　）92.刑法規定，有期徒刑之刑期，如無加減其刑之情形，最長刑期為若干年？　(A)十年　(B)十五年　(C)二十年　(D)二十五年。

（　A　）93.依通說，下列何者不可稱為法律上之物？　(A)太空中之日、月、星球　(B)瓦斯氣　(C)磚瓦　(D)放射線。

（　D　）94.下列何者屬於自力救濟行為？　(A)民事訴訟　(B)請願　(C)訴願　(D)自助行為。

（　D　）95.非屬宣告死刑或無期徒刑者，其褫奪公權之執行，自何時起

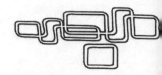

算？ (A)判決確定起算 (B)主刑執行開始日 (C)羈押日起算 (D)主刑執行完畢或赦免之日起算。

(D) 96.下列何者係我國總統職權之一？ (A)質詢權 (B)調查權 (C)審計權 (D)公布法令權。

(C) 97.行政法院是隸屬於何機關？ (A)行政院 (B)最高法院 (C)司法院 (D)立法院。

(D) 98.下列國家的法律，何國以不成文法為基礎？ (A)日本 (B)德國 (C)法國 (D)英國。

(B) 99.凡外國人，只要居住於本國內，均應受本國法律支配，此項原則稱為： (A)屬人主義 (B)屬地主義 (C)折衷主義 (D)民族主義。

(A) 100.人民有服兵役之義務（憲法第二十條）。此處「人民」專指男子而言。於此所應用之主要的解釋技術或觀點，稱： (A)限縮解釋 (B)類推解釋 (C)歷史解釋 (D)擴張解釋。

(C) 101.在全國區域內，對於全國人民及一般事項，均可適用之法律，稱為下列何者？ (A)固有法 (B)強行法 (C)普通法 (D)特別法。

(C) 102.刑事案件，法院對行為之處罰，以行為時之法律有明文規定者為限，對於無法律處罰規定之行為，法院應諭知無罪，此原則稱為下列何者？ (A)不告不理 (B)一事不再理 (C)罪刑法定主義 (D)司法審判獨立。

(D) 103.人民因犯罪嫌疑被逮捕拘禁時，逮捕機關應在何時移送該管法院審問？ (A)至遲十二小時內 (B)至遲四十八小時內 (C)至遲三十六小時內 (D)至遲二十四小時內。

(B) 104.依刑法規定，對犯罪行為之處罰： (A)出於故意者始處罰 (B)非出於故意或過失不罰，過失行為之處罰以有特別規定者為限 (C)非出於過失不罰 (D)無過失亦要處罰。

(C) 105.刑法上的自由刑指： (A)死刑 (B)褫奪公權 (C)有期徒刑、無期徒刑、拘役 (D)沒收。

(D) 106.公務人員違法侵害人民之自由權利者： (A)僅受懲戒處分 (B)除受懲戒處分外，僅應負刑事責任 (C)除受懲戒處分外，僅應負民事責任 (D)除受懲戒處分外，應負民事、刑事責任。

(C) 107.知有犯罪嫌疑而為告發之人： (A)須檢察官始得為之 (B)僅犯罪被害人得為之 (C)任何人或公務員在執行職務時知有犯罪嫌疑均可為之 (D)須警察始得為之。

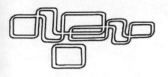

（ A ）108.行政法上所謂「法律優位原則」係指： (A)法律效力高於命令，命令不得牴觸法律 (B)法律位階最高，故憲法、命令不得牴觸法律 (C)行政機關僅得依法律，不得依命令行政 (D)法律必要時，得牴觸憲法。

（ D ）109.依我國民法規定，夫妻結婚後，如欲兩願離婚，其方式為：(A)僅雙方口頭約定後即可 (B)雙方分開居住二年即可 (C)應以書面為之，有二以上證人之簽名 (D)應以書面為之，有二以上證人之簽名並應向戶政機關為離婚之登記。

（ C ）110.甲向乙買房屋時，何時可取得房屋的所有權？ (A)甲付清買屋款給乙後 (B)甲與乙以書面訂物權契約後 (C)甲乙訂定物權移轉書面契約並辦理移轉登記手續後 (D)乙將房屋鑰匙交給甲時。

（ B ）111.依民法規定，自然人之權利能力： (A)始於成年，終於死亡 (B)始於出生，終於死亡，但胎兒以將來非死產者為限，關於其個人利益之保護視為已出生 (C)滿七歲始取得 (D)滿二十歲始取得。

（ B ）112.依規定，鄉鎮市調解委員會所為之調解內容，如係為金錢或其他代替物之給付，如一方不履行時，他方： (A)不得請求強制執行 (B)可對其財產依強制執行法執行之 (C)仍須經取得勝訴之確判決後，據以強制執行 (D)視個別案件決定之。

（ D ）113.犯刑法妨害性自主及風化各條之罪者，其假釋規定，係：(A)不得假釋 (B)執行逾二分之一以上，得假釋 (C)執行逾三分之一以上，得假釋 (D)原則上應經治療或輔導，方得假釋。

（ A ）114.犯罪嫌疑人在受司法警察調查時： (A)可選任辯護人 (B)不可選任辯護人 (C)須經檢察官之許可，始得選任辯護人 (D)須視案情決定可否選任辯護人。

（ D ）115.公務員應誠實清廉、謹慎勤勉，不得有驕恣貪惰、奢侈放蕩等行為，係屬何種義務？ (A)執行職務之義務 (B)服從命令之義務 (C)忠實服務之義務 (D)保持品位之義務。

（ B ）116.依民法規定，只知某甲出生之月，而不知其出生之日者，應推定其生日為該月：(A)1日 (B)15日 (C)20日 (D)月底。

（ D ）117.褫奪公權之制裁，係屬何種刑罰？ (A)生命刑 (B)自由刑 (C)財產刑 (D)能力刑或資格刑。

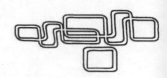

（ B ）118.對於民事確定終局判決聲明不服，得提起何種程序？ (A)非常上訴 (B)再審 (C)上訴 (D)抗告。

（ B ）119.判決死刑確定，應經哪一個機關核准以後，才可以執行？ (A)司法院 (B)法務部 (C)最高法院 (D)總統。

（ C ）120.依我國刑法規定，滿幾歲之人就負完全的刑事責任？ (A)二十歲 (B)十四歲 (C)十八歲 (D)十六歲。

（ B ）121.禁止不當獨占、組織結合、聯合杯葛搭售顧客限制與不實廣告等行為，係經濟基本法規的： (A)消費者保護法 (B)公平交易法 (C)營業秘密法 (D)專利法。

（ B ）122.依規定，消費者保護法的消費者第二次申訴係向： (A)消基會 (B)消費者保護官 (C)企業界本身 (D)鄉鎮調解委員會。

（ D ）123.郵購買賣與訪問買賣，其收受商品後依法可有幾天退貨、解約的權利期限（猶豫期）？ (A)30天 (B)15天 (C)3天 (D)7天。

（ A ）124.在智慧財產權中（Intellectual Property Rights），何項法律係針對歌曲、小說、圖畫、戲劇、書籍等創作權益和文化發展所制定？： (A)著作權法 (B)商標法 (C)積體電路布局法 (D)營業秘密法。

（ D ）125.強調應具新穎性、進步性、實用性，而有發明、新型、新式樣的區別者，係屬何種法律保護的主體物？ (A)著作權法 (B)消費者保護法 (C)商標法 (D)專利法。

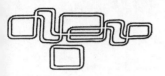
參考書目

吳　庚，《行政法之理論與實用》，台北市：三民書局，1999，修訂3
　　版。

李茂生，《法律與生活》，台北市：正中書局，1992。

沈宗靈，《法理學》，台北市：五南圖書，1994。

林紀東，《法學緒論》，台北市：五南圖書，1989。

城仲模，《行政法之基礎理論》，台北市：三民書局，1991，增訂初版。

劉渝生，《商事法》，台北市：三民書局，2002。

鄭玉波，《民法概要》，台北市：東大書局，2002，修訂8版。

鄭玉波，《法學緒論》，台北市：三民書局，2003，修訂13版。

謝瑞智，《法學緒論精義》，台北市：文笙書局，1993，增訂4版。

韓忠謨，《法學緒論》，台北市：著者自印，1982，9版。

國家圖書館出版品預行編目資料

法學緒論 / 鄒建中, 林文清著. -- 初版. -- 台北
　市：揚智文化, 2004[民 93]
　　面；　公分. -- （Polis；29）

　　ISBN　957-818-633-9（平裝）

　　1. 法律

580　　　　　　　　　　　　　　　93008683

法學緒論 POLIS 29

著　　者／鄒建中・林文清
出 版 者／揚智文化事業股份有限公司
發 行 人／葉忠賢
總 編 輯／林新倫
執行編輯／晏華璞
登 記 證／局版北市業字第 1117 號
地　　址／台北市新生南路三段 88 號 5 樓之 6
電　　話／(02)2366-0309
傳　　真／(02)2366-0310
E - m a i l ／service@ycrc.com.tw
網　　址／http://www.ycrc.com.tw
郵撥帳號／19735365
戶　　名／葉忠賢
印　　刷／偉勵彩色印刷股份有限公司
法律顧問／北辰著作權事務所　蕭雄淋律師
初版一刷／2004 年 6 月
定　　價／新台幣 350 元
ＩＳＢＮ／957-818-633-9